LOW CARB

mit Genuss

LOW CARB
mit Genuss

100 kreative Rezepte
mit den richtigen Kohlenhydraten

TORI HASCHKA

Mit Fotos von
CHRIS CHEN

Jan Thorbecke Verlag

FÜR ANDREW UND WILL,
ALIAS „DIE HUNGRIGEN",
GROSS UND KLEIN

INHALT

EINLEITUNG

Ich weiß nur zu gut, wie es ist, wenn man Kohlenhydrate als kulinarisches Allheilmittel verwendet. Noch als Teenager aß ich nur Lebensmittel, die weiß waren: Reis, Brot, Kartoffeln und vor allem Nudeln. Dazu etwas Butter, Käse oder Hähnchen, mehr brauchte ich nicht.

Erst als ich mit einundzwanzig in Malacca, Malaysia, weißen Reis mit etwas Curry verspeiste, wendete sich das Blatt. Das Wasser, das ich dazu trank, stammte aus der Quelle am Ort und war verseucht mit Kolibakterien. Kurz darauf bekam ich Drüsenfieber. Danach folgten fünf Jahre mit einem instabilen Immunsystem und einer Erschöpfung, die so gravierend war, dass sie sich wie Bleigewichte an meinen Beinen anfühlte. Außerdem war mein Gehirn wie in Marshmallows verpackt.

Plötzlich funktionierten die Speisen, bei denen ich immer Trost gesucht hatte, nicht mehr. Sie konnten mir keine Energie mehr geben, sondern bewirkten stattdessen, dass mein Blutzuckerspiegel in die Höhe schoss und ich mich noch schlechter fühlte.

Das war der Punkt, an dem ich völlig ratlos war. Ich war es gewohnt gewesen, weiße Kohlenhydrate als Grundlage für jede Mahlzeit zu verwenden, die ich zubereitete. Da sie die Basis der Lebensmittelpyramide bildeten, mit der ich auf-

gewachsen war, nahm ich an, dass sie das Beste für mich waren. Oft gab es an Montagabenden schnelle Pfannengerichte mit Reis, manchmal Currys mit Fladenbrot und den Rest der Woche aß ich Pizza, Pasta, Risotto oder Sushi. Außerdem holte ich mir beim Thailänder mein geliebtes Pad See Ew (ein Gericht mit gebratenen Nudeln). Belegte Sandwichs, frisch aus dem Toaster, Baked Potatoes mit Hackfleisch, Gnocchi mit Pesto, Sauerteigbrot mit Avocado und Zitronensaft als Notfallsnack spät am Abend. Das alles war schnell, sicher und relativ billig. Die weißen Kohlenhydrate waren dabei die Leinwand, auf der ich mit anderen Geschmacksrichtungen malte.

Inzwischen weiß ich, dass die weißen Kohlenhydrate, die ich so liebte, vom Körper schnell verarbeitet und in Glukose umgewandelt werden. Von einigen fühlte ich mich aufgedunsen, andere verursachten schon wenige Stunden, nachdem ich gegessen hatte, einen riesigen Heißhunger. Und die meisten schenkten mir zwar einen kurzzeitigen Energieschub, aber danach fühlte ich mich noch lethargischer als vorher.

Den einzigen Ausweg aus meiner unangenehmen Situation sah ich darin, in der Küche kreativ zu werden. Ich musste Lebensmittel finden, die mehr konnten als das. Und ich musste beim Kochen mehr Einfallsreichtum entwickeln.

WAS IST ALSO DIE LÖSUNG?

Ich wusste von vornherein, dass eine strenge kohlenhydratfreie Kost nichts für mich war. Ich interessiere mich nicht für starre Regeln, dafür liebe ich Essen viel zu sehr. Und es macht mir viel zu viel Spaß, Leute an einem Tisch zu versammeln und mit ihnen Wein und gute Gespräch zu genießen, als dass ich bereit wäre, das alles durch absolute Gebote zu zerstören. Daher brauchte ich einen moderaten Mittelweg. Allerdings musste ich einsehen, dass A. A. Gill mit seiner etwas unangenehmen Theorie Recht hatte: „Der leichteste Weg, um Gewicht zu verlieren, ist, Kohlenhydrate wegzulassen. Nicht alle, aber die vier wichtigsten: Brot, Kartoffeln, Nudeln, Reis."

Also musste ich damit aufhören, mich auf ebendiese vier Nahrungsmittel als Hauptbestandteil meiner täglichen Mahlzeiten zu verlassen. Denn ich wollte nicht nur etwas Gewicht verlieren. Die Wahrheit ist, dass die weißen Kohlenhydrate meiner Gesundheit in verschiedenen Bereichen nicht gut taten. Und der Grund dafür liegt in ihrem glykämischen Index.

Was ist der glykämische Index (GI)?

Der glykämische Index ist eine Maßeinheit von 0–100, mit der man die Wirkung eines Kohlenhydrats auf den Blutzuckerspiegel nach dessen Verzehr bestimmen kann. Lebensmittel mit einem hohen GI werden rasch verdaut und heben den Blutzuckerspiegel entsprechend schnell an.

Nahrungsmittel mit einem niedrigen GI dagegen werden langsamer aufgenommen und verdaut, was sich gemäßigter und längerfristiger auf den Blutzuckerspiegel auswirkt, so dass man länger satt ist. Und welche Lebensmittel haben den höchsten GI überhaupt? Das sind eben diese vier: Weißbrot, weißer Reis, Kartoffeln und Nudeln aus Weißmehl.

Was sind gute Kohlenhydrate?

Kohlenhydrate spenden uns Energie. Sie spielen in unserer Ernährung eine wesentliche Rolle. Sogar die strengsten Ohne-Kohlenhydrate-Regeln können bis zu einem gewissen Punkt nicht darauf verzichten. Denn gute Kohlenhydrate haben dem Körper tatsächlich mehr zu bieten: Sie sind vollgepackt mit Ballaststoffen, Mineralstoffen und Aminosäuren.

Was steht zur Auswahl?

Die Wahl zwischen guten und schlechten Kohlenhydraten lässt sich mit dem Kofferpacken für eine Reise vergleichen: Auf der einen Seite hat man die Möglichkeit, eine Auswahl an Kleidungsstücken, drei Paar Schuhe und Toilettenartikel mitzunehmen. Auf der anderen Seite könnte man auch einfach nur ein weißes, flauschiges Federbett in die Tasche stopfen. Das Federbett wird einen zwar eine kurze Zeit lang wärmen, aber sein Nutzen ist doch sehr begrenzt.

NEUE NAHRUNGSMITTEL, NEUE OPTIONEN, NEUES LEBEN

Besser als jeder andere kenne ich den Trostfaktor von weißen Kohlenhydraten, auf den man so schwer verzichten kann, weil man ihn mit Sattwerden assoziiert. Für mich bestand eine der Schwierigkeiten darin, neue Gerichte zu finden, die auch meinen 1,90 m großen Ehemann zufriedenstellen würden. Jahrelang hatte ich ihn „den Hungrigen" genannt. Dieser Name bezieht sich

sowohl auf seinen Lebenshunger als auch auf seine Eigenschaft als Vielfraß. Und wer ihn kennt, wird bestätigen: Dieser Mann kann essen. Einfache Suppen und Salate mit Eiweiß waren daher für ihn nicht genug. Wir brauchten vor allem langsam verbrennende Kohlenhydrate, die ordentlich Substanz brachten. Nur so konnte ich verhindern, dass er das Abendessen verschlang, um dann freundlich nach dem Hauptgang zu fragen.

Seitdem schwärme ich für proteinreiche Getreidesorten wie Quinoa, Chiasamen und gemahlene Leinsamen. Auch in Sachen Hülsenfrüchte habe ich einen missionarischen Eifer entwickelt. Mit einem Püree aus weißen Bohnen lassen sich wunderbar Grundnahrungsmittel wie Kartoffelbrei und Reis ersetzen. Inzwischen habe ich viele Freunde davon überzeugt, dass es nicht nur schneller geht, sondern oft auch schmackhafter ist. Ich habe entdeckt, dass Kichererbsenmehl einen nussigen Geschmack hat, der besonders gut zu herzhaften Gerichten passt. Und an Stelle meiner Standarddesserts wie Brotpudding, Törtchen und Kuchen habe ich das Backen mit gemahlenen Nüssen und viel Obst lieben gelernt.

Sobald ich angefangen hatte, in dieser neuen Art zu kochen, merkte ich, dass eine Veränderung so wohltuend wie ein Urlaub sein kann. Und mit dieser Erfahrung bin ich nicht allein. Freunde und Kollegen mit Diabetes, Herzproblemen oder polyzystischem Ovar, stillende Mütter und Leute, die einfach etwas Gewicht verlieren wollen – sie alle hatten von dem Verzicht auf weiße Kohlenhydrate profitiert und wollten nie mehr zurück.

Zuhause essen wir nur noch gute Kohlenhydrate, was mein Leben komplett verändert hat. Ich bin gesünder und habe mehr Energie. Mein Hautbild hat sich verbessert. Außerdem habe ich vier Kilo meines Normalgewichts verloren (und sechs Kilo meines hungrigen Ichs). Als ich mit meinem Baby Will schwanger war, geriet ich in Versuchung, wieder in ein tiefes, dunkles Loch aus Kohlenhydraten zu fallen. Und ich hatte durchaus meine schwachen Momente: Das Erste, was ich nach seiner Geburt verspeiste, war ein getoastetes Sandwich mit Schinken, Käse und Tomaten – und nichts hat je besser geschmeckt. Aber die Entscheidung für gute Kohlenhydrate hat mir nicht nur geholfen, den Großteil meiner Schwangerschaftspfunde zu verlieren, sondern hat mir auch die nötige Energie geschenkt, in den ersten drei Monaten seines Lebens die Balance zwischen Stillen, Babypflege, Schreiben und dem Ausprobieren unzähliger Gerichte zu finden.

Diese Rezepte hier sind inspiriert von meinen Reisen, aber auch von meinem Leben in Sydney und London. Sie machen uns satt und entfalten ein Geschmacksfeuerwerk. Sie sind festlich, aber nicht übertrieben. Sie sind frisch, dynamisch und so gut, dass sie süchtig machen. Eigentlich ist es überhaupt keine Diät. Es ist nur eine neue Sichtweise auf die täglichen Mahlzeiten. Ich verwende einige Zutaten zum Kennenlernen und Verlieben und habe einige alte Freunde etwas aufgepeppt.

Ich hoffe, auch Sie machen die Erfahrung, dass kleine Umstellungen einen großen Unterschied bedeuten können. Für mich ist die größte Veränderung die Tatsache, dass ich heutzutage Nudeln, Brot, Reis oder Kartoffeln ab und zu ganz bewusst esse, weil ich jeden Bissen genießen will – und nicht, weil mir sonst nichts Leckeres einfällt.

NEUE (UND ALTE) FREUNDE FÜR EINE KÜCHE MIT GUTEN KOHLENHYDRATEN

Quinoa und Quinoaflocken

Obwohl Quinoa wie ein Getreide aussieht, ist sie doch in Wahrheit der Samen eines südamerikanischen Fuchsschwanzgewächses. Sie ist ausgesprochen proteinreich und enthält wichtige Vitamine und Mineralien wie Kalzium, Phosphor und Eisen. Es gibt sie in vielen verschiedenen Farben, sie hat einen nussigen Geschmack und sollte vor dem Kochen gewaschen werden. Die Quinoaflocken kann man fürs Müsli oder zum Backen verwenden. Aus den Samen lässt sich eine nahrhafte Beilage zubereiten.

Chiasamen

Chiasamen ähneln Mohnsamen und sind vollgepackt mit essentiellen Aminosäuren wie Omega-3, Ballaststoffen, Eiweiß und Mineralien wie Kalzium, Zink und Eisen. In Verbindung mit Flüssigkeit quellen sie zu kleinen Kügelchen auf. Am wertvollsten sind sie roh wie in dem *Trifle mit Chia, Mango, Kokos und Macadamia-Nüssen,* im *Birchermüsli mit Chiasamen* oder über Salate gestreut. Aber sie sind auch gekocht gute Ballaststoffspender.

Leinsamen

Die Samen der Flachspflanze haben eine leichte Karamell-Hafer-Note. Mit ihrer Hilfe kann man hervorragend die Menge an Weißmehl in Backrezepten verringern. Außerdem sind sie reich an Omega-3, Ballaststoffen und Antioxidantien.

Kichererbsenmehl

Kichererbsenmehl wird aus gemahlenen Kichererbsen oder Chana Dal (gelbe Linsen) gewonnen. In Indien und Bangladesch ist es eine häufig verwendete Zutat, die man günstig in Asia-Läden findet. In herzhaften Gerichten kann man es wunderbar als Ersatz für Weißmehl verwenden, so zum Beispiel zum Panieren von Fisch oder zum Herstellen einer Béchamel-Sauce. Außerdem ist es ein Hauptbestandteil der Socca, dem Kichererbsen-Pfannkuchen aus Nizza.

Reismalzsirup

Reismalzsirup ist ein Süßstoff, der aus komplexen Kohlenhydraten hergestellt wird. Man kann ihn an Stelle von Honig oder anderen Sirups verwenden. Außerdem kann man ihn in vielen herzhaften Gerichten als Zuckerersatz nutzen, um den Geschmack auszubalancieren.

Apfelessig

Apfelessig besticht nicht nur durch seine wunderbare Mischung aus Süße und Säure, die viele Gerichte wie zum Beispiel Linsen oder Rosenkohl interessanter macht. Außerdem verhindert die Essigsäure angeblich, dass sich Fett im Körper festsetzt.

EIN PAAR ANMERKUNGEN ZU HÜLSENFRÜCHTEN

Hülsenfrüchte gehören zu den wahren Helden dieses Buches. Der Verzehr von Linsen, Bohnen oder Kichererbsen trägt wesentlich dazu bei, dass man länger satt ist. Zudem sind sie hervorragende Ballaststoffspender. Allerdings gibt es verschiedene Gründe, warum sie nicht so viel gegessen werden, wie sie eigentlich sollten.

Einweichen

Selbstverständlich erzielt man bei den meisten dieser Rezepte optimale Ergebnisse, wenn man getrocknete Hülsenfrüchte verwendet, sie einweicht und gründlich kocht. Die Konsistenz ist wahrscheinlich besser und der GI von Hülsenfrüchten ist eventuell noch niedriger, wenn sie nicht konserviert wurden. Aber wer denkt schon vor dem Schlafengehen oder beim Frühstück daran, die Hauptzutat fürs nächste Abendessen einzuweichen? Daher sind Konserven die Antwort. Füllen Sie Ihren Vorratsschrank mit weißen Bohnen, Borlotti-Bohnen, Adzuki-Bohnen, Linsen oder Kichererbsen. Sie sind billig und halten ewig. Bio-Ware hat eine angenehmere Konsistenz. Man sollte sie vor dem Gebrauch unbedingt gründlich waschen. (Eventuell suchen Sie nach Dosen ohne Bisphenol A).

Falls Sie getrocknete Hülsenfrüchte bevorzugen, können Sie alle in den Rezepten angegebenen Mengen von 400 g Abtropfgewicht durch 90–100 g getrocknete Hülsenfrüchte ersetzen und sie gemäß den Zeitangaben in der Tabelle auf der nächsten Seite einweichen und kochen.

Einweich- und Koch-Zeiten

BOHNENGRÖSSE	EINWEICHZEIT	ART DES KOCHENS
große Bohnen: Kidney, Kichererbsen, Borlotti, Cannellini	6–8 Stunden	Die Einweichflüssigkeit abgießen, die Hülsenfrüchte mit Wasser bedecken, dazu 3 cm Wasser hinzufügen. Zum Kochen bringen, dann 1–2 Stunden köcheln lassen. Unbedeckt gekocht bleiben die Bohnen fester, bedeckt gekocht werden sie cremiger und weicher. Wenn nötig abgießen, dann servieren.
mittlere Bohnen: schwarze Bohnen, Pinto	4–6 Stunden	Die Einweichflüssigkeit abgießen, die Hülsenfrüchte mit Wasser bedecken, dazu 3 cm Wasser hinzufügen. Zum Kochen bringen, dann 40–60 Minuten köcheln lassen. Unbedeckt gekocht bleiben die Bohnen fester, bedeckt gekocht werden sie cremiger und weicher. Wenn nötig abgießen, dann servieren.
Kleine Bohnen: Mung, Adzuki	4 Stunden	Die Einweichflüssigkeit abgießen, die Hülsenfrüchte mit Wasser bedecken, dazu 3–5 cm Wasser hinzufügen. Zum Kochen bringen, dann 30 Minuten köcheln lassen. Unbedeckt gekocht bleiben die Bohnen fester, bedeckt gekocht werden sie cremiger und weicher. Wenn nötig abgießen, dann servieren.
halbe Erbsen, Chana Dal, Linsen	nicht unbedingt nötig; 1 Stunde ist hilfreich	Die Einweichflüssigkeit abgießen, die Hülsenfrüchte mit Wasser bedecken, dazu 3–5 cm Wasser hinzufügen. Zum Kochen bringen, dann 30–45 Minuten köcheln lassen. Unbedeckt gekocht bleiben die Bohnen fester, bedeckt gekocht werden sie cremiger und weicher. Wenn nötig abgießen, dann servieren.

Bekömmlichkeit

Niemand spricht gerne darüber! Aber ich nehme an, wenn man den Hauptgrund sucht, warum die Menschen weniger Hülsenfrüchte essen, als sie eigentlich sollten, dann wäre es die Gasbildung. Tatsache ist aber auch, dass sich der Körper durch regelmäßigen Verzehr daran gewöhnt, Hülsenfrüchte zu verdauen. Außerdem gibt es gewisse Tricks, mit deren Hilfe man die lästigen Nebenwirkungen vermeiden kann. Als Erstes sollte man das Einweich- und Kochwasser wegschütten und die Hülsenfrüchte gründlich waschen. Zweitens sollte man beim Kochen bestimmte Zutaten hinzufügen: Algen, Seetang und Kelp enthalten Aminosäuren, die Bohnen leichter verdaulich machen. Versuchen Sie es beim nächsten Mal, oder verwenden Sie zu demselben Zweck Nori.

Auch Gewürze und Aromastoffe wie Kreuzkümmel, Kurkuma, Ingwer, Koriander und Zitrone haben alle den Ruf, die Gasbildung zu reduzieren. Viele der Rezepte in diesem Buch verwenden diese Hilfsmittel.

Sie sollten am Morgen so starten, wie Sie dann auch weitermachen wollen. Ein Tag, der mit einem nahrhaften Frühstück beginnt, hat eine bessere Chance, gut zu werden. (Auf jeden Fall ist es damit weniger wahrscheinlich, dass Sie sich bereits um 10.42 Uhr eine Schachtel Schokokekse vornehmen). Meistens beginne ich den Tag entweder mit einem *Zimt-Kaffee-Protein-Shake*, einer kleinen Portion *Frittatas mit Chiasamen und Paprikapulver* (wenn ich einen Stapel davon bereits auf Vorrat habe), *Birchermüsli* oder *Quinoa-Porridge mit Chai-Tee und Aprikosen.*

   Und wenn endlich Wochenende ist, genießen wir Frühstück oder Brunch mit Gästen, besonders auch mit Kindern. Dann kommen großzügige Portionen von *Weichen Eiern mit Baked Beans* oder eine Platte mit *Mexikanischen Spiegeleiern* zum Einsatz. Das sind relativ einfache, gut vorzubereitende Gerichte für größere Runden. Außerdem haben sie den Vorteil, dass niemand dauernd neben dem Toaster stehen muss. Man muss nur noch organisieren, wer Kaffee kocht.

MUNTER-MACHENDE & STÄRKENDE FRÜHSTÜCKS-IDEEN

ZIMT-KAFFEE-PROTEIN-SHAKE

1 Portion

Es gibt Tage, an denen das Frühstück flüssig sein muss. Dann, wenn man sehr in Eile ist und etwas braucht, das man schnell hinunterkippen kann (oft mit nur einer Hand, weil man mit der anderen noch die Haare kämmen oder ein kleines Kind füttern muss). Dieser Zimt-Kaffee-Protein-Shake ist meine Lösung für solche Tage. Der Kaffee verleiht Schwung, Leinsamen bieten Ballaststoffe und Zimt macht ihn lecker. Man sollte das Ganze gut mixen, um sandige Klümpchen zu vermeiden. Und wenn es etwas reichhaltiger sein soll, kann man sich mit einer Banane oder einer Portion Seidentofu etwas Gutes tun.

375 ml Milch (Mandelmilch, Sojamilch oder Kuhmilch, je nach Vorliebe)
1–2 Messbecher Proteinpulver (am besten mit Kaffee-, Schokolade- oder neutralem Geschmack)
2 EL Leinsamen, gemahlen
30 ml Espresso oder starker Kaffee
1 TL Zimt, gemahlen
2 Eiswürfel

Extras (optional)
1 Banane; 1 EL rohes Kakaopulver (wenn neutrales Proteinpulver verwendet wird); 100 g Seidentofu

Zubehör
ein Mixer, mit dem man Eiswürfel zerkleinern kann

Alle Zutaten in den Mixer geben und pürieren, bis die Mischung glatt ist. In ein Glas gießen.

Soll es etwas reichhaltiger sein, eine Banane hinzufügen und pürieren, bis die Mischung glatt ist. Für eine Extraportion Protein Seidentofu dazugeben. Ich wette, Sie werden gar nicht schmecken, dass er mit dabei ist.

PANCAKES MIT MANDELN UND BLAUBEEREN

10–12 Pancakes oder 2–3 Portionen

Die besten Blaubeer-Pancakes der Welt stammen angeblich von der Clinton Street Baking Company im New Yorker East Village. Meine Pfannkuchen sind wieder anders, aber wegen ihnen muss man auch nicht durch den Central Park joggen und noch ein paar Runden um den See drauflegen, um sich das Mittagessen zu verdienen. Das Weißmehl wird hier nämlich durch gemahlenen Leinsamen und Mandeln ersetzt. Dennoch wird der Teig durch das Eiweiß luftig und durch die Beeren fruchtig. Mit etwas Joghurt und Mandelblättchen als Beilage sind Sie bereit für den Tag.

250 ml Milch
120 g Leinsamen, gemahlen
50 g Mandeln, gemahlen
2 EL pflanzliches Öl
4 Eier, getrennt
1 Prise Salz
1 EL Butter
125 g Blaubeeren

Zum Servieren
gemahlener Zimt, Joghurt und geröstete Mandelblättchen, zusätzlich Blaubeeren oder Bananen in Scheiben (optional)

Die Milch, den Leinsamen, die Mandeln, das pflanzliche Öl und die Eigelbe in einer Schüssel vermischen.

In einer andere Schüssel die Eiweiße mit dem Salz steif schlagen. In zwei Portionen vorsichtig unter den Teig heben, dabei möglichst viel Luft einarbeiten.

Eine beschichtete Pfanne bei mittlerer Stufe erhitzen, mit der Butter einfetten. 3 EL Teig hineingeben und 1 EL Blaubeeren darüberstreuen. 3–4 Minuten backen, bis sich die Unterseite des Pancakes anheben lässt und gebräunt ist. Mit einem Pfannenheber vorsichtig wenden und die andere Seite 1–2 Minuten braten. Im Ofen bei niedriger Temperatur warm halten, während die restlichen Pancakes zubereitet werden.

Die Pancakes nach Geschmack mit Zimt, Joghurt, Mandelblättchen, zusätzlichen Blaubeeren oder Bananenscheiben servieren.

„TOAST" MIT PILZEN UND ZIEGENFRISCHKÄSE

2 Portionen

Ein Toast zum Frühstück hat schon so manchen Morgen gerettet. Daher war er eines der Dinge, die ich am meisten vermisste, als ich meinen Start in den Tag auf gute Kohlenhydrate umstellte. Hier kommt die Wiedergeburt des beliebten Klassikers, wobei das Brot durch die Champignons ersetzt wird. Dazwischen verbirgt sich ein cremiges Innenleben aus Käse und Grünzeug. Oben belegt man es, wenn man mag, mit etwas Avocado und ein paar Pinienkernen, um das Ganze knackig zu machen. Dazu eine Zitronenspalte für etwas Sonnenschein – und fertig ist eine Leckerei, die glücklich macht.

Dieses Rezept kann nach Belieben abgewandelt werden: Dann nimmt man Mozzarella, um es extra cremig zu machen, oder auch eine Scheibe Schinken. Und wenn Sie zum Frühstücken unbedingt Eier brauchen, dann essen Sie eben etwas Rührei dazu.

4 große, flache Zuchtchampignons ohne Stiel
(der Stiel lässt sich durch Hin- und Herdrehen entfernen; man kann ihn z.B. für Salate verwenden)
1 EL Olivenöl, plus extra zum Beträufeln
2 Handvoll Babyspinat
2 EL Ziegenfrischkäse
½ Avocado, ohne Kern, in dünne Scheiben geschnitten
12 frische Basilikumblättchen
2 EL Pinienkerne, geröstet
Meersalz und frisch gemahlener schwarzer Pfeffer
Zitronenspalten zum Servieren

<u>Zubehör</u>
Panini-Grill

Den Panini-Grill erhitzen und die Ober- und Unterseite der Pilze mit dem Olivenöl bepinseln.

Die Spinatblätter in die dunkelbraune Hut-Innenseite von 2 Pilzen schichten und darauf Ziegenfrischkäse geben. Mit 2 weiteren Pilzen bedecken, so dass die Unterseite nach innen gewandt ist. Diese Sandwichs in den vorgeheizten Panini-Grill legen. Sollte es schwierig sein, den Grill zu schließen, die Pilze mit Metallzangen in die richtige Position bringen. Die Sandwichs 5 Minuten grillen, bis die Pilze durch sind. Die Sandwichs herausnehmen und auf ein Stück Küchenrolle legen, damit die Säfte 1 Minute lang austreten können.

Die Oberseite mit Avocadostreifen, Basilikumblättchen und Pinienkernen garnieren, mit Salz und Pfeffer würzen und mit Zitronenspalten servieren.

SPARGEL MIT EIER-DIP

1 Portion (lässt sich jederzeit verdoppeln, verdreifachen etc.)

Ach ... das Wolseley! Diese Bastion der Höflichkeit im Herzen von London ist aus gutem Grund eine Institution. Manche Besucher des Cafés und Restaurants entscheiden sich bereits beim Betreten für Feingebäck, weil hier jeden Morgen frische Croissants gezaubert werden. Für mich dagegen ist es beinahe unmöglich, dort an den weichen Eiern, die in einer raffinierten, zweigeteilten Tasse serviert werden, vorbeizugehen. Ein perfekt gekochtes und pochiertes Ei ist einfach der Inbegriff von Kindheitsglück. Wenn man allerdings in einer nicht ganz so perfekten Umgebung frühstückt, sehnt man sich vielleicht nach etwas mehr Raffinesse als Toaststreifen, die man in Eigelb tunkt. Für mich gibt es dafür keine elegantere Ergänzung als gekochten Spargel. Man würzt ihn und das Ei mit Salz und schwarzem Pfeffer. Für etwas mehr Protein kann man den Spargel mit rohem Schinken umwickeln. Wenn ich also in der Früh einen Hauch Eleganz brauche, es aber nicht in die vornehmen Marmor-Speisesäle in 160 Picadilly schaffe, dann zaubere ich mir genau dieses Gericht. Jetzt brauche ich nur noch eine zweigeteilte Tasse.

2 Eier (Zimmertemperatur)
8 Spargelstangen, geschält
8 Schinkenstreifen oder roher Schinken (optional)
Olivenöl
Meersalz und frisch gemahlener schwarzer Pfeffer

Einen Topf mit Wasser zum Kochen bringen. Die Eier eintauchen und genau 5 Minuten und 15 Sekunden kochen lassen.

Während die Eier kochen, den Spargel in einem Dampfeinsatz über den Eiern dämpfen, bis er weich ist – etwa 3 Minuten.

Für zusätzlichen Geschmack die Spargelstangen mit Schinkenstreifen umwickeln, mit Olivenöl beträufeln und mit etwas Salz und Pfeffer würzen.

Die Eier vorsichtig köpfen und die Spargelspitzen in das Eigelb tunken. Dann das restliche Eigelb auslöffeln.

FRITTATAS MIT CHIASAMEN UND PAPRIKAPULVER

8 Mini-Frittatas oder 2–3 Portionen

Frühstück in Barcelona: der Genuss von „Pan con tomate" – weißem Fladenbrot, mit reifen Tomaten belegt und mit Olivenöl beträufelt, gewürzt mit Salz und einem Hauch Paprikapulver. Dazu ein paar Schweinerippchen und ein Cortado-Kaffee, und es wird auf jeden Fall ein großartiger Tag. In diesem Rezept verwende ich dieselben Geschmacksrichtungen und verwandle sie in etwas Nahrhafteres für daheim. Diese Mini-Frittatas sind reich an Protein: von den Eiern über die Chiasamen bis hin zum knusprigen Speck. Man bereitet sie am besten in einer beschichteten Muffinform zu und serviert sie mit etwas Rucola und Zitrone für ein schnelles Frühstück. Man kann sie aber auch in einer Dose mit zur Arbeit nehmen und dabei vom nächsten Urlaub träumen.

8 Speckstreifen, der Länge nach halbiert
200 g Kirschtomaten
1 Knoblauchzehe
1 EL Paprikapulver
85 g Chiasamen
4 Eier, leicht verquirlt
1 TL Meersalz

Zum Servieren
Rucola und Zitronenspalten

Zubehör
beschichtete 12er-Muffinform

Den Ofen auf 180 °C vorheizen.

Die Innenseite von 8 Muffinförmchen mit je 2 halbierten Speckstreifen überlappend auslegen, so dass alles bedeckt ist.

Mit einem Stabmixer oder einer Küchenmaschine die Kirschtomaten, den Knoblauch und das Paprikapulver vermischen, bis sich eine glatte Paste ergibt. Dann mit Chiasamen, Eiern und Salz verrühren.

Den Teig in die mit Speck ausgelegten Förmchen gießen.

Die Frittatas im vorgeheizten Ofen 30 Minuten backen, bis der Speck braun und der Teig aufgegangen ist und sich die Oberfläche fest anfühlt.

Mit Rucola und einer Zitronenspalte servieren.

OMELETT MIT FETA, MINZE, LINSEN UND PISTAZIEN

2 Portionen

Linsen und Eier gehören in vielen kohlenhydratfreien Diäten zu einem Power-Frühstück dazu. Hier verrate ich Ihnen, wie Sie aus einem Gericht, das wie ein kunterbunter Haufen auf dem Teller aussehen kann (die Art Frühstück, die sich ein College-Boy reinschaufeln könnte, ehe er in einen Kraftraum geht, der nach alten Socken riecht) eine Mahlzeit zaubern, auf die Sie stolz sein können.

5 EL Olivenöl
400 g braune Linsen aus der Dose, gewaschen und abgetropft
2 große Handvoll Babyspinat
1 TL Salz
frisch gemahlener schwarzer Pfeffer
50 g Feta, zerkrümelt
6 Eier
4 EL frische Minzeblättchen, in grobe Stücke gerissen
2 EL Pistazien, geröstet

Zum Servieren
Zitronenspalten, Chilisauce

1 EL Olivenöl in eine beschichtete Pfanne geben und die Linsen, den Spinat und das Salz hinzufügen. Unter Rühren erwärmen und den Spinat garen. Mit Pfeffer abschmecken und den Inhalt der Pfanne auf einen Teller geben. Den Feta darüberkrümeln und alles beiseite stellen, während die Omeletts zubereitet werden.

Die Eier in einer Schüssel verquirlen. 2 EL Olivenöl in der Pfanne erhitzen und die Hälfte der Eier hinzufügen. Dabei die Pfanne kreisend anheben, um den gesamten Boden zu bedecken. 2 Minuten braten, bis die Oberfläche beinahe fest ist und die Unterseite golden ist.

Die Hälfte der Linsenmischung auf die entferntere Omelett-Hälfte löffeln. Das Omelett mit kräftigem Rucken von der Pfanne lösen. Mit einem Pfannenheber die unbedeckte Hälfte des Omeletts umklappen, so dass die Füllung dadurch eigeschlagen ist. Das Omelett auf einen Teller gleiten lassen und mit der Hälfte der Minzeblättchen und der Pistazien bestreuen. Mit einer Zitronenspalte und etwas Chilisauce servieren. Mit dem verbleibenden Öl sowie den restlichen Eiern und Linsen wiederholen, um ein zweites Omelett zuzubereiten. Mit den übrigen Minzeblättchen und Pistazien garnieren.

BIRCHERMÜSLI MIT CHIASAMEN

2–4 Portionen (je nachdem, was es sonst noch gibt und wie hungrig man ist)

Chiasamen sind das neue „Wundermittel". Man geht davon aus, dass darin mehr Omega-3 als in Lachs steckt, außerdem sind sie voller Eiweiß. Wenn man sie trocken isst, bleiben sie wie Erdbeersamen in den Backenzähnen hängen. Aber wenn man die Samen in etwas Flüssigkeit einweicht, quellen sie zu kleinen, getüpfelten Kügelchen auf.

Am Morgen gibt es nur wenige Dinge, die mich glücklicher machen als das Bewusstsein, dass das Frühstück im Kühlschrank fertig auf mich wartet. Zu diesen sympathischen Samen kombiniere ich gemahlene Leinsamen, Joghurt, Milch und ein paar Beeren, um einen fruchtigen Geschmack zu erzielen. Sie verbringen gemeinsam die Nacht im Kühlschrank und verschmelzen zu einem seidigen Brei, der an Bircher Müsli erinnert. Auf diese Weise hat man ein schnelles Frühstück mit guten Kohlenhydraten, ohne dass man Linsen, Speck oder Eier essen muss.

Manchmal verfeinere ich das Ganze noch mit gerösteten Nüssen, Beeren oder Samen – und für das traditionelle Bircher-Gefühl mit einem geriebenen Apfel (komplett mit Schale). Aber meistens esse ich es schnell, so wie es ist, aus einer Schüssel, während ich darauf warte, dass das Wasser kocht und ein guter Tag beginnt.

85 g Chiasamen
50 g Haferflocken
375 g Joghurt (Schaf, Ziege, Soja oder je nach Geschmack)
45 g Leinsamen, gemahlen (können jederzeit durch Kleie oder Hafer ersetzt werden)
2 Handvoll Beeren, mit einer Gabel zerdrückt (frisch oder gefroren)
315 ml Milch

Extras (optional)
geriebener Apfel, Kleie, gemahlene Mandeln (dazu sollte man dieselbe Menge Joghurt und Milch hinzufügen, damit es nicht zu trocken wird), eine Handvoll getrocknete Pfirsichscheiben und einige gehackte Paranüsse oder Mandeln, frische Beeren oder ½ Passionsfrucht

Zubehör
1 große Frischhaltedose mit mindestens 1 l Volumen

Die Chiasamen, die Haferflocken und den Joghurt gründlich vermischen.

Die Leinsamen, die zerdrückten Beeren und die Milch dazugeben. Gut verrühren, um zu vermeiden, dass sich am Rand Klumpen von Chiasamen bilden.

Über Nacht oder mindestens 2 Stunden in den Kühlschrank stellen und durchziehen lassen.

Vor dem Servieren nochmals gründlich verrühren. Pur essen oder mit etwas Obst, Joghurt und Nüssen verfeinern.

QUINOA-PORRIDGE MIT CHAI-TEE UND APRIKOSEN

2 Portionen

Eine Tasse Tee und eine Schüssel Porridge – so sollte ein guter Morgen beginnen. Doch gibt es keinen Grund, warum man die beiden Komponenten nicht zusammenbringen sollte. Zum Glück hat Porridge nicht zwangsläufig mit Hafer zu tun. Quinoaflocken sind eine neue Ergänzung Ihres Vorratsschranks. (Sie sind häufig in Super- oder Biomärkten zu finden.) Sie quellen auf und werden immer mehr, genau wie die Haferflocken, die man als Kind an einem kalten Morgen zubereitet bekam. Außerdem können sie beim Kochen ganz verschiedene Geschmacksrichtungen annehmen. In dieser Version verwende ich die warme Note des Chai-Tees und verbinde sie mit getrockneten Aprikosen und Haselnüssen. Genauso gut könnte man aber auch Earl Grey oder Darjeeling nehmen und dazu ein paar Datteln oder Dörrpflaumen kombinieren. Mit einer kleinen Menge an getrockneten Früchten oder einem Löffel Marmelade, etwas Joghurt und ein paar knackigen Nüssen sind Sie startklar für den Tag.

250 ml Milch
250 ml kochendes Wasser
2 Beutel Chai-Tee
100 g Quinoaflocken
3 EL getrocknete Aprikosen, gehackt,
   oder 2 EL Aprikosenmarmelade
3 EL Haselnüsse, gehackt
2 EL Joghurt (zum Servieren)

Die Milch und das Wasser in einem Topf zum Köcheln bringen. Die Teebeutel hineinhängen und 5 Minuten ziehen lassen.

Die Teebeutel entfernen, dann die Quinoaflocken und die Hälfte der getrockneten Aprikosen in die Flüssigkeit geben. Zum Kochen bringen, dann bei reduzierter Hitze 10 Minuten zugedeckt köcheln lassen, bis die Quinoa weich und der Großteil der Flüssigkeit aufgesogen ist.

Vom Herd nehmen und auf zwei Schüsseln aufteilen. Mit den restlichen getrockneten Aprikosen (oder mit der Aprikosenmarmelade) und den Haselnüssen bestreuen und den Joghurt darübergeben.

Tipp: *Zu Chai passen außerdem gut Feigen-Ingwer-Marmelade mit Pistazien oder Blaubeer-Marmelade mit Mandelblättchen oder zerdrückte Bananen mit gewürfelter Paranuss.*

WEICHE EIER
MIT BAKED BEANS

4 Portionen

Richtig leckere Baked Beans verlangen nach einem rauchigen Aroma und sollten in einem verbeulten Metalltopf über einem Kohlefeuer gerührt werden. Dazu gehören Schwein, Hülsenfrüchte und ein Blick, der einen schwindlig macht. Wenn Sie nicht die Möglichkeit eines Frühstücks im Freien haben (oder keine Lust auf Ameisen, die Ihnen während des Kochens an den Beinen hochkrabbeln), dann können Sie immer noch das mystische Aroma eines Feuers mit ein paar Tropfen „Liquid Smoke" (bekommt man in Feinkostläden) nachahmen. Pst, ich verrate Sie auch nicht.

Für ein lebensbejahendes Festmahl brauchen Sie einfach ein paar weiche Eier, einen Haufen Bohnen und dazu eine Tasse starken Kaffee. Die Eigelbe werden wie ein Sonnenaufgang leuchten, und das Koffein wird Sie in Schwung bringen für alles, was Sie so geplant haben – selbst wenn es nur ein Nachmittag auf der Couch ist, um zum wiederholten Mal „Brokeback Mountain" anzusehen.

(Falls Sie dieses Mahl unterwegs auf einem Abenteuer-Trip zubereiten wollen, können Sie die Gewürze, die trockenen Zutaten und die Saucen zu Hause in einem Schraubglas zusammenmischen.)

1 EL Olivenöl

125 g Speck, fein gewürfelt

2 Würstchen, gehäutet, Inhalt zerkrümelt

1 rote Zwiebel, geschält und in dünne Halbmonde geschnitten

3 Knoblauchzehen, geschält und dünn geschnitten oder zerdrückt

2 x 400 g gehackte Tomaten aus der Dose

1 EL Worcestershire-Sauce

2 EL Tomatenmark

2 EL dunkler Rohrzucker

1 EL Apfelessig

1 EL Dijon-Senf

400 g Borlotti-Bohnen aus der Dose, gewaschen

400 g Cannellini-Bohnen aus der Dose, gewaschen

100 g Kirschtomaten

1 TL Meersalz

1 TL Liquid Smoke (optional)

1 EL Natron

4 Eier (Zimmertemperatur, ältere Eier sind besser)

2 EL frische Petersilienblättchen, grob gehackt

Das Olivenöl, den Speck und das Wurstbrät bei mittlerer Hitze in eine schwere Pfanne oder einen Schmortopf geben. 3 Minuten anbraten, bis der Speck etwas Farbe annimmt.

Die Zwiebel und den Knoblauch hinzufügen und 5–7 Minuten abraten, bis sie weich werden. Die gehackten Tomaten, die Worcestershire-Sauce, das Tomatenmark, den Zucker, den Essig und den Senf dazugeben und unbedeckt zum Köcheln bringen.

Die Bohnen und die Tomaten hineingeben und unter gelegentlichem Rühren 15 Minuten kochen, bis die Flüssigkeit reduziert und die Sauce eingedickt ist und an den Bohnen haftet. Mit Salz abschmecken und eventuell mit Liquid Smoke etwas Lagerfeuer-Romantik erzeugen.

Für die Eier einen Topf mit Wasser sprudelnd zum Kochen bringen. Das Natron und die Eier hineingeben. Die Eier 5 Minuten kochen. Anschließend aus dem Topf nehmen und kurz unter fließendem kaltem Wasser abschrecken. Die Schale aufklopfen und die Eier vorsichtig schälen, damit der Dotter nicht ausläuft. Die geschälten Eier in einer Schüssel mit warmem Wasser beiseite stellen.

Die Bohnen in Schüsseln mit je 1 Ei darauf anrichten und mit Petersilie bestreuen. Beim Essen das Eigelb in die Bohnen sickern lassen.

Tipp: *Wenn man beim Eierkochen Natron ins Wasser gibt, löst sich das Eiweiß von der Schale und das Ei lässt sich anschließend leichter schälen.*

MEXIKANISCHE SPIEGELEIER

4–6 Portionen

*Jeder braucht ein paar Rezepte für ein kräftiges Früh-
stück. Etwas, das man zusammenrühren kann, wenn
man sich nicht ganz auf der Höhe fühlt, vielleicht von
ein paar Margeritas zu viel in der Nacht zuvor. Spiegel-
eier sind in jedem Fall die Rettung. Man muss sich
keine Mühe mit Pochieren oder Rühren machen – man
schlägt einfach ein paar Eier über schwarze Bohnen
und schiebt sie in den Ofen, während man sich um Saft
und Kaffee kümmert. Diese hier haben einen südlichen
Einschlag, denn man serviert sie mit einer ordentlichen
Portion Guacamole und etwas scharfer Sauce. Damit
hat man ein Frühstück, das einen wieder ins Leben
zurückholt, egal wie sehr man gesündigt hat.*

2 rote Paprika, halbiert, ohne Samen
250 g Kirschtomaten, halbiert
1 EL Olivenöl (plus extra, falls benötigt)
50 g Chorizo-Wurst, gewürfelt (optional)
1 rote Zwiebel, gehäutet und gewürfelt
1 kleine Chilischote, gehackt (ohne Samen, falls es nicht so
    scharf sein soll)
1 EL Kreuzkümmel, gemahlen
½ EL Koriander, gemahlen
1 Prise getrocknete Chiliflocken
1 große Handvoll frischer Koriander, die Stängel fein gehackt,
    die Blättchen aufheben
2 x 400 g schwarze Bohnen aus der Dose, gewaschen
10 g dunkle Schokolade (minimal 70 % Kakaogehalt)
1 TL Chipotle-Püree oder ½ TL Chipotle, gemahlen (optional)
Meersalz und frisch gemahlener schwarzer Pfeffer
4 Eier
4 TL Joghurt

Guacamole
2 reife Avocados, geschält und ohne Kern
1 Zitrone oder Limette, Saft
Chilisauce (optional)

Zubehör
4–6 kleine ofenfeste Schälchen

Den Ofen auf 150 °C vorheizen.

Die Paprika- und Tomatenhälften mit Olivenöl beträufeln
und im vorgeheizten Ofen 45 Minuten braten, bis sie
leichte Blasen werfen. (Man kann das bereits am Vor-
abend erledigen, oder man nimmt gebratene Paprika aus
dem Glas und gibt dann frische Tomaten direkt zu den
Bohnen.)

Die gewürfelte Chorizo-Wurst bei mittlerer Hitze in eine
schwere Pfanne oder einen Schmortopf geben. Anbraten, bis sie rötliches Öl ausschwitzt. Wenn es eine weniger fette Wurst ist, eventuell noch 1–2 EL Olivenöl hinzufügen. Dann die Zwiebel, die Chili, den Kreuzkümmel,
den Koriander, die Chiliflocken und die Korianderstängel
in die Pfanne geben.

5–7 Minuten anbraten, bis die Zwiebel weich ist.
Dann die schwarzen Bohnen, die Schokolade und das
Chipotle-Püree oder -pulver unterrühren.

Die Paprika und die Tomaten aus dem Ofen nehmen und
abkühlen lassen, bis man sie in die Hand nehmen kann,
ohne sich zu verbrennen. Die Ofentemperatur auf 180° C
erhöhen.

Die Paprika in Streifen schneiden und zusammen mit
den Tomaten und dem Öl zu den Bohnen in die Pfanne
geben. Kräftig rühren. Nach Geschmack mit Salz, Pfeffer
und etwas mehr Chili würzen.

Jeweils 2–3 EL der Bohnenmischung in die Schälchen
geben, so dass Boden und Wände bedeckt sind, in der
Mitte jedoch eine Kuhle bleibt. Dort sollte auf jeden Fall
2 cm Platz für das Ei sein. Die Schälchen auf ein Blech
stellen.

Über jedem Schälchen vorsichtig ein Ei aufschlagen, der
Dotter sollte dabei nicht verletzt werden. 1 TL Joghurt
auf den Dotter geben. Die Eier können bis kurz vor dem
Verzehr so bleiben.

Wenn die Gäste eingetroffen sind, das Blech mit den
Schälchen in den Ofen stellen und 10–12 Minuten
backen, bis das Eiweiß fest, der Dotter aber noch etwas
flüssig ist.

Während der Backzeit wird eine schnelle Guacamole
zubereitet. Dazu werden die Avocados zerdrückt, mit
den Korianderblättchen vermischt und nach Geschmack
mit Zitronensaft und etwas Chilisauce abgeschmeckt.
Die Eier mit der Guacamole servieren.

Tipp: *Möglicherweise bleiben Bohnen übrig, die man
später wunderbar als warmen Salat essen kann.*

SOCCA-PFANNKUCHEN MIT GERÄUCHERTEM LACHS UND HÜTTENKÄSE

4 Portionen oder 10–12 Pfannkuchen,
je nach Pfannengröße

Hiermit möchte ich Ihnen Socca vorstellen, herzhafte Pfannkuchen aus Kichererbsenmehl, die in den Straßen von Nizza äußerst beliebt sind. Sie werden gerollt und haben eine grobe Konsistenz. Ihr Geschmack ist nussig, und sie vereinen in sich eine tolle Mischung aus knusprigen Enden und weichen Teigtaschen. Am besten serviert man sie mit etwas Rosmarin, Olivenöl und Salz, während man an einem Glas Rosé nippt und überlegt, welche Super-Yacht man sich kaufen würde, sollte man zufällig über 10 Millionen Pfund stolpern.

Sie sind ein köstlicher Start in den Tag, eignen sich aber auch als Snack am Abend, mit eingelegten Oliven, etwas Ziegenfrischkäse und Fenchelsticks.

350 g Kichererbsenmehl, gesiebt
125 ml Olivenöl
800 ml lauwarmes Wasser
1 TL Kreuzkümmel, gemahlen (optional, für einen leicht rauchigen Geschmack)
Meersalz (um das Bittere des Kichererbsenmehls auszugleichen)
Butter oder Olivenöl, zum Einfetten
340 g Hüttenkäse
2 TL Apfelessig
1 TL Honig oder Reismalzsirup
2 Frühlingszwiebeln, gewürfelt
200 g geräucherter Lachs

Zubehör
eine beschichte Pfanne ist entscheidend

Das Kichererbsenmehl mit dem Öl vermischen und mit einem Schneebesen verquirlen. Das Wasser und den Kreuzkümmel unterrühren und 30 Minuten stehen lassen. Den Teig probieren und mit etwas Salz abschmecken, falls er bitter ist.

Eine beschichtete Pfanne bei mittlerer Hitze erwärmen und mit Butter oder Olivenöl einfetten. So viel Teig hineingießen, dass der Boden gerade bedeckt ist. Backen, bis sich der Pfannkuchen leicht vom Boden der Pfanne lösen lässt. Mit einem großen Pfannenheber vorsichtig umdrehen, dann die andere Seite backen, bis sie gebräunt ist. Im Ofen bei niedriger Hitze warmhalten, während die restlichen Pfannkuchen zubereitet werden.

Den Hüttenkäse mit dem Essig und dem Honig oder Reismalzsirup verrühren, bis er glatt ist.

Zum Servieren die Pfannkuchen mit Hüttenkäse bestreichen und mit Frühlingszwiebeln bestreuen. Darauf etwas geräucherten Lachs legen.

Tipp: *Sie sollten den Teig unbedingt probieren, denn Kichererbsenmehl kann einen bitteren Geschmack haben. Durch etwas zusätzliches Salz kann dieser gemildert werden. Außerdem sollte der Teig gründlich verquirlt werden, da sich ansonsten Mehl am Boden der Schüssel absetzen kann. Eventuell gelingt der erste Pfannkuchen noch nicht. Das kann passieren. Achten Sie auf jeden Fall immer darauf, dass die Pfanne gut eingefettet ist.*

Tipp: *Normalerweise findet man Kichererbsenmehl (manchmal auch Besan oder Gram genannt) in der asiatischen Abteilung eines Supermarktes.*

SCHWARZWÄLDER-KIRSCH-MÜSLI-TRIFLE

4–6 Portionen

Dieses Müsli verbindet in einer zauberhaften Kombination Kakao, Kirschen und Milchprodukte und ist doch deutlich maßvoller als ein Stück Torte. In meinem goldgelben Knuspermüsli stecken so einige Geheimnisse: Das ist zum einen die Verwendung von Eiweiß, die dafür sorgt, dass sich schöne Klümpchen bilden. Außerdem garantiert Olivenöl, dass das Ganze richtig knusprig ist. Wichtig ist außerdem eine gute Getreidemischung. Die Trockenfrüchte werden erst nach dem Backen des Getreides hinzugefügt. Verwenden Sie Ihre Lieblingsnüsse – ich nehme immer Macadamia- und Haselnüsse – aber auch Mandeln und Walnüsse schmecken toll. Nun muss man nur noch die Süße mit einer Prise Salz ausgleichen und hat eine ausgesprochen erwachsene Köstlichkeit. So beginnt man seinen Tag zwar mit Kakao, ist aber von den üblichen Frühstückszerealien meilenweit entfernt.

80 g Haferflocken
45 g Leinsamen, gemahlen
30 g Kokosflocken
60 g Haselnüsse, grob gehackt
30 g Macadamianüsse, grob gehackt
2 TL Zimt, gemahlen
3 EL Kakaopulver
1–2 TL grobes Meersalz
4 EL Olivenöl
60 ml Reismalzsirup oder Ahornsirup
1 Eiweiß, schaumig geschlagen
150 g getrocknete Kirschen

Zum Servieren
900 g Joghurt und 200 g Sauerkirschen, abgetropft

Zubehör
Blech, mit Backpapier ausgelegt

Den Ofen auf 140 °C vorheizen.

Alle trockenen Zutaten in einer großen Schüssel vermischen (außer den getrockneten Kirschen).

Das Olivenöl und den Sirup zusammen in einer kleinen Pfanne erhitzen, bis die Mischung Blasen wirft. Dann über die trockenen Zutaten in der Schüssel gießen.

Gründlich vermischen, bis alles gut bedeckt ist, dann das Eiweiß unterheben. Auf das mit Backpapier belegte Blech gießen und im vorgeheizten Ofen 45 Minuten backen. Das Müsli mit einem Löffel durchmischen und weitere 25 Minuten backen, bis die Nüsse knusprig sind. Anschließend 15 Minuten abkühlen lassen, dann die Klumpen zerkleinern.

Die getrockneten Kirschen unter das Müsli mischen. Das fertige Müsli entweder in einem luftdichten Gefäß lagern oder mit dem Joghurt servieren.

Für das Trifle den Joghurt in 4 Gläser füllen, darauf die Sauerkirschen und dann das Müsli geben. Anschließend nochmals Joghurt, Sauerkirschen und Müsli einfüllen. Sofort servieren.

Knabbereien zu Drinks können ein Problem werden, wenn man versucht, Stärke zu vermeiden. Der Grund dafür? Brot. Es ist einfach das Standardessen, wenn es darum geht, vor dem Essen ein Loch zu stopfen, zum Beispiel Grissini mit Oliven, Pita mit Dips oder geröstete Bruschetta. Aber sobald Sie außerhalb der Schublade denken, werden Sie eine große Auswahl an Snacks und Vorspeisen entdecken.

Das kann zum Beispiel eine ganze gedämpfte Artischocke sein, die zunächst als Dekoration dient, ehe sie Blatt für Blatt in Aioli gedippt und verzehrt wird. Oder das perfekte Rezept für *Grünkohlchips* – und Sie sind gerettet.

Am Freitagabend, wenn wir zu Hause sind und nur das Ende einer langen Woche genießen wollen, schnappt sich „der Hungrige" einfach eine Dose mit *Gerösteten Mandeln im Sojasauce-Fünf-Gewürze-Mantel* oder mit *Würzigen Kichererbsen* aus dem Vorratsschrank und verspeist den Inhalt zu seinem Bier. Wenn wir Gäste zum Grillen eingeladen haben, gibt es *Spießchen mit frischen und gebratenen Tomaten, Minze und Halloumi*. Und wenn ich in besonders angeregter, festlicher Stimmung bin, dann spendiere ich eine Platte *Bratwürste im Speck-Kimchi-Mantel*. So lange wir einen Mix aus sonnigen Gewürzen und etwas Knuspriges zum Beißen haben (und etwas Aufmunterndes im Glas), sind wir glücklich.

LEICHTE SNACKS ZU DRINKS

GEMÜSESTICKS MIT WEISSEN BOHNEN, PARMESAN UND ARTISCHOCKEN-DIP

4–6 Portionen

Normalerweise benehme ich mich auf einer Party durchaus anständig. Ich bringe etwas Nettes zum Essen mit und eine Flasche gekühlten Wein. Außerdem trage ich Schuhe, die vermitteln: „Ich schätze eure Einladung so sehr, dass ich keine Turnschuhe trage. Aber in diesen Schuhen kann ich durchaus 1 Stunde stehen." Und ich bin absolut sozialverträglich, außer es gibt diesen Dip. Dann kann es nämlich passieren, dass ich mir die Schüssel schnappe, mich in eine ruhige Ecke verziehe und alles alleine verschlinge. Die Dreieinigkeit aus Artischocken, Parmesan und Hülsenfrüchten ist nämlich etwas ganz Besonderes. Sie ist eine Hommage an die Erde und den Sommer. Der Parmesan gibt Substanz, die Hülsenfrüchte eine milde Süße und die Artischocken eine leicht säuerliche Note. Ich habe dieses Trio bereits früher in einem anderen Gericht verwendet. Aber in diesem Dip und zu knackigen Gemüsesticks entfaltet das Ganze erst seinen wahren Charme.

285 g marinierte Artischockenherzen aus der Dose (abgetropft 170–200 g; die Marinade aufbewahren)
400 g weiße Bohnen aus der Dose, gewaschen
1 EL frische Petersilienblättchen, grob gehackt
30 g Parmesan, gerieben
½ Bio-Zitrone, geriebene Schale und Saft
½ TL frisch gemahlener Pfeffer

Zum Servieren
1 Bund Babykarotten, geputzt; 1 Fenchelknolle, Boden gesäubert und in dünne Scheiben geschnitten; Kirschtomaten auf Spießchen

2 EL Artischocken-Marinade in einen Mixer geben, den Rest wegschütten.

Die Artischockenherzen, die Bohnen, die Petersilie, den Parmesan, die Zitronenschale und den -saft sowie den schwarzen Pfeffer dazugeben. Mixen, bis das Ganze glatt ist. Falls die Paste zu dickflüssig ist, 1–2 EL heißes Wasser oder Olivenöl hinzufügen, um eine geschmeidige, dipfähige Konsistenz zu erreichen.

Den Dip mit den Gemüsesticks servieren.

RADIESCHEN MIT BUTTER UND TRÜFFELSALZ

4 Portionen

Manchmal tue ich gerne so, als wäre ich in Frankreich, und gebe ich mich wesentlich eleganter, als ich es eigentlich bin. Dazu brauche ich ein gestreiftes bretonisches Shirt und ein Seidentuch. Alternativ kann man seinen Gästen folgendes Gericht vorsetzen: Radieschen mit Salz und Butter, eine klassische Bistro-Vorspeise. Dazu gibt es normalerweise knuspriges Baguette. Dabei braucht die Knackigkeit der Radieschen, vor allem wenn man sie in Eiswasser erfrischt hat, eigentlich gar kein Brot. Versuchen Sie stattdessen, das Ganze mit dem geheimnisvollen Geschmack des Trüffels etwas vielschichtiger zu machen. Das Pilzaroma von getrüffeltem Salz (erhältlich in vielen Feinkostläden) verleiht den Speisen eine interessante Komplexität. Und wenn Sie es im ganz großen Stil machen wollen, können Sie die angeschmolzene Butter mit ein paar frischen Trüffelscheibchen servieren.

1 kleines Bund Radieschen (ca. 8 Stück), gewaschen und halbiert
40 g Butter, bei Raumtemperatur
1 EL Trüffelsalz

Die Radieschen 10–15 Minuten in Eiswasser legen, bis sie knackig sind. Vor dem Servieren gründlich abtrocknen.

Die Radieschen auf einer kleinen Platte anrichten, dazu die weiche Butter in einem Schälchen und das Salz in einem anderen Schälchen reichen. Die Gäste ermutigen, die Radieschen zuerst durch die Butter und dann durch das Salz zu ziehen. Aber bitte nicht zweimal oder in umgekehrter Reihenfolge.

GERÖSTETE MANDELN IM SOJASAUCE-FÜNF-GEWÜRZE-MANTEL

6–8 Portionen

Achtung, diese Mandeln machen süchtig! Sie sind gleichzeitig knackig und salzig, süß und würzig. Sie erinnern mich an die Honig-Soja-Hühnerschenkel, die meine Mutter im Jahr 1989 an Mittwochabenden zu zaubern pflegte. Die Mandeln lassen sich wunderbar in einer Dose aufbewahren. Außerdem passen sie genauso gut zu einem kühlen Bier am Abend wie zu einer Tasse grünen Tee am Nachmittag, wenn man am Verhungern ist und noch unbedingt etwas fertig machen muss. Außerdem verleihen sie einem einfachen Abendessen, wie gebratenem Gemüse mit weichen Eiern, mariniertem Steak mit Karottenstreifen oder Hühnerschenkeln eine besondere Note.

250 g Mandeln
3 EL leichte Sojasauce
½ EL flüssiger Honig oder Reismalzsirup
2 TL chinesisches Fünf-Gewürze-Pulver
Meersalz

Zubehör
Backblech, mit Backpapier ausgelegt

Den Ofen auf 150 °C vorheizen.

Die Mandeln in einer Schicht auf dem Blech ausbreiten und im vorgeheizten Ofen etwa 10 Minuten backen, bis sie nussig duften. Den Ofen anlassen.

Die Mandeln in eine hitzebeständige Schüssel geben. Die Sojasauce, den Honig oder Sirup und das Gewürz in einer schmalen Schüssel vermischen, dann über die Mandeln gießen. Gründlich verrühren, so dass alles gut bedeckt ist.

Die Mandeln in einer Schicht auf das Blech streichen. Erneut für 15–18 Minuten backen, dabei gelegentlich durchmischen, bis die Mandeln trocken und gebräunt sind.

Nach Bedarf etwas salzen. Warm servieren oder gänzlich abkühlen lassen und dann in einem luftdichten Gefäß aufbewahren.

GRÜNKOHLCHIPS MIT ZITRONE

2–4 Portionen (zu Drinks)

Eigentlich hatte ich ja vor, Grünkohlchips zu hassen. Ich wollte sie ignorieren, so wie ich es mit anderen Modeerscheinungen wie hohlen Fernsehsendungen und Wedge-Sneakers mache. Sie waren einfach zu schnell in und sie waren zu launisch. Sie kamen aus dem Nirgendwo und waren plötzlich überall und geisterten durch Internet und Bioläden. Aber das Problem damit ist, dass sie wirklich gut sind. Sie sind angenehm knusprig und haben eine elegante Konsistenz. Und überraschenderweise sind sie auch hervorragende Geschmacksträger. Man kann sie mit Paprikapulver bestreuen, auch mit Cayenne- oder Szechuan-Pfeffer schmecken sie toll. Aber Zitronenschale bringt sie so richtig zum Leuchten – als ob diese Chips noch mehr Glanz bräuchten.

1 kleiner Grünkohlkopf (ca. 200 g), gewaschen und gründlich getrocknet
2 EL Olivenöl
1 Bio-Zitrone, geriebene Schale
Meersalz

Zubehör
Backblech, mit Backpapier ausgelegt

Den Ofen auf 180 °C vorheizen.

Die Kohlblätter vom harten Strunk entfernen und die Strünke wegwerfen. Die Blätter vorsichtig in mundgerechte Stücke zupfen.

Den Kohl in einer Schicht auf dem Blech verteilen. Eventuell muss man ihn in mehrere Portionen aufteilen. Den Kohl mit dem Olivenöl beträufeln und mit Zitronenschale und Salz bestreuen.

Den Kohl 10–13 Minuten im Ofen rösten, bis ein Großteil knusprig ist. Falls er zu braun wird, einzelne Blätter wenden. Achtung: Wenn sie zu braun werden, bekommen sie einen bitteren Geschmack.

Den Kohl komplett abkühlen lassen, ehe man ihn in einem luftdichten Gefäß aufbewahrt.

PAPRIKA MIT SPECK-SALZ

4 Portionen

Die Kombination dieser zwei Zutaten ist ausgesprochen sinnvoll. Und nur selten passiert es, dass eine Schüssel mit Pimientos-de-Padrón-Paprika gereicht wird, ohne dass eine Platte mit geräuchertem Speck folgt. Die kleinen Paprikaschoten stammen aus dem Nordwesten von Spanien und sind eine großartige Vorspeise und gleichzeitig ein Glücksspiel. Denn 5–20 Prozent davon sind höllisch scharf. Man kann versuchen, vorher herauszufinden, welche das sind, aber am besten probiert man sie einfach.

Wer keinen Speck im Salz mag, würzt die Paprika mit Räuchersalz oder einfachem Salz mit etwas Paprikapulver oder Zitronenschalen.

20 g Räucherspeck
1 EL Meersalz
1 EL Olivenöl
300 g Pimientos-de-Padrón-Paprika

Für das Speck-Salz den Speck bei mittlerer Hitze in einer Pfanne braten, bis er knusprig ist. Aus der Pfanne nehmen und abkühlen lassen.

Den abgekühlten Speck in den Mixer geben und in feine Krümel zerhacken, dann mit dem Salz vermischen. Alternativ den Speck mit dem Salz mit einem Stößel im Mörser zerreiben. Beiseite stellen.

Das Öl in einer tiefen Pfanne bei mittlerer Hitze erwärmen. Wenn das Öl siedet, die Paprikaschoten hineingeben.

Die Paprika unter Wenden anbraten, bis ihre Haut braun ist und Blasen wirft. Vorsicht: Das Öl kann spritzen.

Die Paprikaschoten aus der Pfanne nehmen, auf einer Platte anrichten und mit dem Speck-Salz bestreuen.

EDAMAME (SOJABOHNEN) MIT BRAUNEM REISTEE-SALZ

4 Portionen

Heutzutage muss man wohl niemandem mehr erklären, wie man Edamame isst, die unreifen Sojabohnen in der Schote, die inzwischen in den meisten japanischen Restaurants und Sushi-Bars als Vorspeise gereicht werden. Aber ich habe trotzdem einen Tipp: Essen Sie die Hülse nicht mit! Sie ist ledrig und zäh und richtig widerwärtig. Außerdem stehen Sie sonst wie ein Idiot da. Stattdessen stecken Sie sich die Schote ein Stückchen in den Mund und ziehen die Bohnen mit den Zähnen heraus. Leicht gedämpft oder gekocht sind diese Bohnen von Haus aus süß – eine Prise Salz macht sie interessant. Und für etwas Raffinesse kann man das Salz mit braunem Reistee aufpeppen. Es verleiht dem Ganzen eine rauchige Note und macht daraus einen unwiderstehlichen kalorienarmen Snack.

1 EL Meersalz-Flocken
1 Teebeutel mit japanischem braunen Reistee (Genmaicha) oder Grüntee
500 g Edamame, gefroren, in der Hülse

Das Meersalz mit dem Inhalt des Teebeutels vermischen.

Einen Topf mit Wasser zum Kochen bringen. Die gefrorenen Edamame hineingeben und 4 Minuten kochen, bis die Schoten hellgrün werden und durch sind. Abgießen und in eine große Schüssel schütten. Salzen und gut durchmischen. Mit einer zusätzlichen Schüssel für die Hülsen servieren.

BRATWÜRSTE IM SPECK-KIMCHI-MANTEL

4 Portionen

Vielleicht können Sie sich spontan nicht vorstellen, dass stark gewürzter, fermentierter koreanischer Kohl, Bratwürste, eine süße Glasur und ein duftiges Parmesanhäubchen zusammenpassen. Wahrscheinlich halten Sie mich für verrückt, dass ich diese Dinge auf einem Cocktailspießchen kombiniere. Aber Sie müssen mir bitte vertrauen. Würstchen im Speckmantel sind einfach zu deftig: Zu viel Fleisch, zu viel Fett und zu eindimensional im Geschmack nach Brät und Salz. Daher kombiniert man einfach zwei exotische Freunde dazu und alles ist gut. Das Kimchi bietet eine verrückte Mischung aus Säure und Schärfe, die Reismalz-Glasur verleiht einen süßen Glanz und der Parmesan macht das Ganze komplett. Eine vollmundige Abrundung, die das Gericht auf die nächste Ebene katapultiert. Entscheidend sind die Zutaten in diesem coolsten aller Hotdogs ohne Brot, der normalerweise so entsetzlich langweilig sein kann.

8 Speckstreifen, in 10 cm lange und 3 cm breite Stücke geschnitten
160 g Kimchi (Asialaden)
8 rohe Bratwürste (von guter Qualität)
1 ½ EL Reismalzsirup oder Ahornsirup
30 g Parmesan, fein gerieben

Zubehör
8 Cocktailspießchen
Backblech, mit Backpapier ausgelegt

Den Ofen auf 180 °C vorheizen.

Die Speckstreifen ausbreiten und mit je einem Klecks Kimchi bedecken.

Je 1 Bratwurst in Kimchi und Speck einwickeln, wobei der Speck außen ist. Den Speck mit einem Cocktailspieß verschließen und an der Bratwurst fixieren.

Die Würste auf das Blech legen und mit dem Sirup bestreichen. Im vorgeheizten Ofen 30–35 Minuten braten, bis der Speck braun ist und die Würste siedend heiß sind.

Die Würste mit Parmesan bestreuen. Mit Servietten und kühlem Bier servieren.

ZUCCHINI-PUFFER MIT QUINOA UND JOGHURT

12–14 Stück

Diese vegetarischen und glutenfreien Puffer passen genauso gut auf ein Tablett mit Drinks, während man in einer kleinen Gruppe den Sonnenuntergang beobachtet, wie zu einem Frühstück zu zweit. Die Quinoaflocken liefern Protein und halten das Ganze zusammen. Mit stichfestem Joghurt oder darüber gekrümeltem Feta schmecken sie köstlich. Und als herzhaftes Mittagessen lassen sie sich auch mit Räucherlachs oder pochierten Eiern kombinieren.

2 mittlere Zucchini, geraspelt
100 g Quinoaflocken
60 ml Milch
4 EL Olivenpaste
1 Prise getrocknete Chiliflocken (optional)
2 Eier, leicht geschlagen
15 frische Minzeblättchen, sehr fein gehackt
1 Handvoll frische Petersilienblättchen, sehr fein gehackt
1 Frühlingszwiebel, gewürfelt
1 TL Meersalz
4 EL Olivenöl
Chilisauce (optional)

Zum Servieren
300 g Joghurt und 1 TL Salz; Chilisauce (optional)

Die Zucchiniraspel mit den Quinoaflocken, der Milch, der Olivenpaste, den Chiliflocken, den Eiern, der Minze, der Petersilie, den Frühlingszwiebeln und dem Salz gründlich verrühren, bis sich alles gut gemischt hat.

Die Hälfte des Olivenöls in eine beschichtete Pfanne gießen. Pro Puffer 1 EL Teig in die Pfanne geben und braten, bis die Unterseite golden ist. Pro Pfanne kann man etwa 3–4 Stück gleichzeitig zubereiten. Mit einem Pfannenheber vorsichtig wenden, dann die andere Seite braten, bis das Äußere knusprig ist und die Puffer fest sind. Im Ofen bei niedriger Temperatur warmhalten, während die restlichen Puffer zubereitet werden. Dabei das verbleibende Öl zum Einfetten der Pfanne verwenden.

Zum Servieren den Joghurt etwas salzen und auf die Puffer klecksen. Eventuell etwas Chilisauce dazu reichen.

Tipp: *Man kann diese Puffer zubereiten und in einer Frischhaltedose zwischen Backpapier einfrieren. Vor dem Servieren im Ofen, einer Pfanne oder einem Panini-Grill nochmals aufbacken.*

SPIESSCHEN MIT FRISCHEN UND GEBRATENEN TOMATEN, MINZE UND HALLOUMI

4 Portionen

Snacks auf Cocktailspießchen haben einen gewissen Retro-Touch. Diese Vorspeise geht in die Richtung, ist allerdings wesentlich moderner. Hier gibt es keine Käse- oder Ananas-Brocken – nein danke! Stattdessen werden Sie merken, dass sich Tomate mit Minze und Schafskäse toll kombinieren lässt – das ist gleichzeitig süß und sauer, frisch und milchig. Halloumi kann manchmal die Konsistenz eines Küchenschwammes haben, vor allem, wenn man ihn zu lange brät. Der Trick ist, ihn bei großer Hitze nur so lange zu backen, dass das Äußere karamellisiert und das Innere weich wird.

16 Kirschtomaten, halbiert
3 EL Olivenöl
1 Prise Meersalz
1 Zitrone, halbiert
180 g Halloumi, quer in 1 cm dicke Scheiben geschnitten
16 frische Minzeblättchen

Zubehör
16 Cocktailspießchen

Den Ofen auf 180 °C vorheizen.

Die Hälfte der Tomaten mit der aufgeschnittenen Seite nach oben auf ein Blech legen und mit 1 EL Olivenöl und dem Salz beträufeln. Im vorgeheizten Ofen 20 Minuten rösten, bis die Oberfläche weich wird und Blasen wirft.

Fünf Minuten bevor die Tomaten fertig sind, das restliche Olivenöl in einer beschichteten Pfanne bei mittlerer Hitze erwärmen. Testen, ob die Pfanne heiß genug ist, indem man die beiden Zitronenhälften mit der aufgeschnittenen Seite hineindrückt. Wenn es zischt, die Halloumischeiben zu den Zitronenhälften in die Pfanne geben. 2–3 Minuten auf jeder Seite anbraten, bis die Oberfläche braun marmoriert ist. Die Zitrone bietet für den Käse ein leichtes Dressing.

Den Halloumi auf Küchenrolle abtropfen lassen, dann jede Scheibe in 8 mundgerechte Stücke schneiden. Je Cocktailspießchen ein Stück Halloumi, eine gebratene Tomatenhälfte, ein Minzeblättchen sowie eine frische Tomatenhälfte auffädeln. Heiß servieren, dazu die gebratenen Zitronenhälften zum Darüberpressen.

ARTISCHOCKE MIT AIOLI

4 Portionen

Eine ganze Artischocke ist die Essenz der Gastfreund-schaft. Sie ist gleichzeitig Herzstück eines Mahls und Appetithappen. Wenn Sie das nächste Mal im Frühling Besuch haben – die Zeit, in der Artischocken am bes-ten sind – dämpfen Sie sie im Ganzen und lassen Ihre Gäste die Blätter einzeln abreißen. Dann können sie mit den Zähnen lasziv noch die letzten Fitzelchen her-ausholen. Man kann sie mit einer einfachen Vinaigrette aus Olivenöl, Dijon-Senf und Rotweinessig zum Dip-pen kombinieren. Oder man kann sich von den ameri-kanischen Südstaaten inspirieren lassen, die berühmt sind für ihre Gastfreundschaft. Diese Aioli lehnt sich an die klassische, südliche Red-Eye-Bratensauce an, die die Geschmacksintensität und Rauchnote von Kaffee verwendet, um einen Gegenpol zu Schinken oder Speck zu bilden. Das ist ein Ansatz, der sich auch ganz wunderbar mit gedünsteten, gewürzten Artischocken verträgt. Verteilen Sie die Aioli mit den Artischocken auf einer Platte und vergessen Sie nicht, ein Schälchen für die ausgelutschten Blätter bereitzustellen. Und falls Ihnen all Ihren Bemühungen zum Trotz einmal der Gesprächsstoff ausgehen sollte, dann können Sie Ihre Gäste immer noch die geheimen Zutaten in der Sauce raten lassen.

1 große Artischocke
1 Lorbeerblatt, frisch oder getrocknet
½ Zitrone

Aioli
1 Eigelb
100 ml Sonnenblumenöl
1 kleine Knoblauchzehe, zerdrückt
2 TL Espresso (Zimmertemperatur)
1 großzügige Prise Meersalz
1 TL Zitronensaft

Zum Kochen der Artischocke die obersten Zentimeter abschneiden, wo sich die Blätter wie in einer Knospe zu-sammendrängen. Außerdem den Stiel auf 2 cm Länge kürzen. Wenn die verbliebenen Blätter irgendwo beson-ders stachlig sind, diese Spitzen entfernen (oder beim Essen aufpassen, dass man sich nicht verletzt).

Die Artischocke in einen großen Topf geben. Zu drei Vierteln mit heißem Wasser bedecken. Das Lorbeerblatt und die Zitrone hinzufügen und zudecken. Das Wasser zum Kochen bringen, danach die Hitze zurückschalten, so dass es nur noch köchelt. 25–45 Minuten köcheln, bis sich die Blätter leicht herausziehen lassen.

Für die Aioli

Ein nasses Geschirrtuch unter eine saubere Schüssel legen (um die Schüssel zu stabilisieren). Den Eidotter 30 Sekunden schlagen, bis er schaumig wird.

Sehr langsam eine kleine Menge Öl an der Schüsselwand hineinträufeln lassen. Fest schlagen, bis es sich mit dem Eigelb verbunden hat. Diverse Male geduldig wiederho-len, bis eine dickflüssige, glänzende Mayonnaise entstan-den ist. Das Öl auf keinen Fall einfach dazugießen. Falls sich die Mayonnaise trennt und kein Öl mehr aufnimmt, das Vorhandene nicht wegschütten. Eine frische Schüs-sel nehmen und ein frisches Eigelb hineinschlagen. Dann nach und nach die Öl-Eimischung unterrühren. Wenn daraus eine Mayonnaise geworden ist, das restliche Öl noch hineinrühren.

Ist die Mayonnaise fertig, den Knoblauch und den Espresso hinzufügen. Gut verrühren, dann probieren und großzügig mit Salz und Zitronensaft abschmecken, um die verschiedenen Geschmacksrichtungen auszubalan-cieren.

Die warme Artischocke in die Mitte des Tisches stellen. Die Gäste können von allen Seiten Blätter herausziehen und in die Aioli tunken.

WÜRZIGE KICHERERBSEN

4 Portionen

Haben Sie gewusst, dass sich Kichererbsen, wenn man sie in etwas Olivenöl anröstet, in knusprige Bällchen verwandeln, die es mit jeder Party-Knabberei aufnehmen können? Sie sind einfach zuzubereiten und die perfekte Beilage zu einem steifen Drink nach einem langen Tag. Ich mag sie gerne mit einer scharfen Note, aber wenn es Ihnen etwas milder und romantischer lieber ist, können Sie den Cayenne-Pfeffer weglassen und eventuell durch etwas gemahlenen Zimt oder Ingwer ersetzen. Toll ist außerdem, dass Sie alle Zutaten wahrscheinlich sowieso im Vorratsschrank haben. Wenn Sie also überraschend Besuch bekommen und etwas Raffiniertes zum Knabbern brauchen, sind Sie von einer köstlichen Überraschung nur noch 30 Minuten entfernt.

400 g Kichererbsen aus der Dose, gewaschen und gründlich getrocknet
3 EL Olivenöl
½–1 EL Cayenne-Pfeffer (je nachdem, wie scharf es sein soll)
1 EL Kreuzkümmel, gemahlen
1 EL Koriander, gemahlen
1 TL Meersalz

Zubehör
Backblech, mit Backpapier ausgelegt

Den Ofen auf 190 °C vorheizen.

Die Kichererbsen in einer Lage auf dem Backblech verteilen.

Das Olivenöl, den Cayenne-Pfeffer, den Kreuzkümmel und den Koriander in einer kleinen Schüssel vermischen, dann über die Kichererbsen verteilen. Gründlich verrühren, damit sie davon eingehüllt werden.

Die Kichererbsen im vorgeheizten Ofen 20 Minuten backen.

Aus dem Ofen nehmen und durch Rütteln des Blechs die Kichererbsen wenden. In den Ofen zurückschieben und weitere 15 Minuten backen, bis die Kichererbsen knusprig sind.

Das Blech herausnehmen und die Kichererbsen mit dem Salz bestreuen. Vor dem Servieren oder dem Lagern in einem luftdichten Behälter abkühlen lassen.

ZUCCHINI-FRITTEN

4–6 Portionen

Bei diesen Zucchini-Fritten handelt es sich um Gemüsesticks, die man in heißem Öl frittiert, bis sie knusprig sind, würzt und dann verspeist – oft gleich bergeweise. Sie sind die perfekte Beilage zu einem Steak. Oder man tunkt sie zu einem Hähnchen in Senf. Ihr Vorteil ist, dass sie leichter sind als ihre Verwandten, die Pommes. Zucchini sind innen weich und das Kichererbsenmehl in Verbindung mit dem Sodawasser ergibt einen herrlich knusprigen Teigmantel. Das ist kein Essen für alle Tage, daher sollten Sie es wie einen exotischen Gast behandeln und mit Zatar-Gewürz, Oregano, Thymian und Sesam bestäuben und mit Zitrone beträufeln. Außerdem können Sie die Fritten in Joghurt oder Tahini-Paste dippen. Sie werden jeden einzelnen der heißen, salzigen Bissen genießen.

75 g Kichererbsenmehl
½ TL Backpulver
½ TL schwarzer Pfeffer, frisch gemahlen
½ EL Koriander, gemahlen
1 Eigelb, geschlagen
½ EL pflanzliches Öl
125 ml Sodawasser
500–750 ml pflanzliches Öl, zum Frittieren
3 mittlere Zucchini, in 1 cm dicke Streifen geschnitten
1 EL Salz
1 ½ EL Zatar-Gewürz

Das Kichererbsenmehl, das Backpulver, den Pfeffer und den Koriander in einer großen Schüssel vermischen. Das Eigelb und ½ EL Öl dazutröpfeln und mit einer Gabel zu einem groben Teig vermischen. Unter ständigem Rühren langsam das Sodawasser hineingießen. Mit Frischhaltefolie abdecken und mindestens 1 Stunde kalt stellen.

Das Öl in einer großen Bratpfanne erhitzen, bis es 190 °C erreicht. Falls kein Thermometer vorhanden ist, einen Brotwürfel in das Öl geben. Das Öl ist heiß genug, wenn das Brot in 30 Sekunden gebräunt ist.

Eine Handvoll Zucchinisticks im Teig wenden, so dass sie überall davon bedeckt sind. Mit einer Zange vorsichtig in das heiße Öl geben und etwa 4 Minuten frittieren, bis sie sich golden färben. Mit einem Schaumlöffel aus dem Öl heben und auf Küchenrolle abtropfen lassen. So lange wiederholen, bis alles aufgebraucht ist.

Vor dem Servieren die Fritten mit Salz und Zatar würzen. Falls eine Beilage gewünscht ist, eignet sich Joghurt, mit etwas Olivenöl und Zitronensaft abgeschmeckt, ausgezeichnet.

Es gibt wenig, was so tröstlich ist wie ein Teller warme Suppe. Damit meine ich keine bescheidene Brühe. Ich spreche von einer deftigen, herzhaften Suppe mit nahrhaftem Inhalt. Eine von der Art, die man zwar mit dem Löffel isst, bei der es aber durchaus Sinn macht, auch noch eine Gabel zur Hand zu haben.

Die meisten der folgenden Rezepte eignen sich perfekt für ein schnelles Mittagessen. Portioniert eingefroren sind sie außerdem eine hervorragende Möglichkeit für ein warmes Essen an einem kalten Abend, wenn man sich von innen heraus wärmen muss. Im Winter steht bei uns eigentlich immer ein Topf mit der *Ultimativen Schinken- und Linsensuppe* oder einer *Ribollita* auf dem Herd. Und an Sommerabenden mit besonders großer Hitze, wenn es zu heiß zum Denken, geschweige denn zum Kochen ist, finde ich es extrem beruhigend, dass ich zum Zubereiten von einem Topf mit *Kalter Suppe mit weißen Bohnen, Gurke, Minze und Joghurt* oder einer *Kalten Kichererbsensuppe mit Curry* nicht länger brauche als eine Zwiebel, um weich zu werden. Und wenn ich mich nicht gut fühle, gibt es nichts Besseres, um mich wieder ins Leben zurückzuholen, als eine *Hühnersuppe mit Zitrone, Ei und weißen Bohnen*. Allerdings folgt unmittelbar auf Platz zwei die *Peruanische Hühnersuppe mit Koriander* mit ihrer leckeren Koriander- und Limetten-Note.

SUPPEN
(DIE ANDERE ART DES FLÜSSIGEN MITTAGESSENS)

HÜHNERSUPPE
MIT ZITRONE, EI
UND WEISSEN BOHNEN

2 Portionen

Auf diese Suppe kam ich, als ich während einer schlimmen Erkältung die Weisheit sämtlicher Großmütter beschwor. Sie besteht aus Hühnerbrühe, Hähnchenfleisch, Karotten und Sellerie, also der Basis aller stärkenden Suppen. Knoblauch und Chili geben ihr eine leicht asiatische Note, und die Bohnen machen sie nahrhaft. Und im Geiste der griechischen Avgolemono-Suppe gibt man am Ende noch Zitrone und ein geschlagenes Ei hinein, und es entsteht in der Schüssel ein zartes Spinnennetz aus Proteinen. Allerdings wäre es eine Verschwendung, sich dieses Gericht für Tage, an denen es einem nicht gut geht, aufzusparen. Es schmeckt auch dann köstlich, wenn Sie sich pudelwohl fühlen, aber vielleicht jemand in Ihrer Umgebung Ihre Unterstützung braucht.

2 Hühnerbrüste
1 kleine rote Chili, ohne Samen und fein gehackt
1 Karotte, geputzt und fein gewürfelt
1 Stange Sellerie, fein gewürfelt
625 ml Hühnerbrühe von hoher Qualität (am besten
  selbst gemacht)
400 g weiße Bohnen aus der Dose, gewaschen
2 Eier, geschlagen
Meersalz und frisch gemahlener schwarzer Pfeffer
1 Zitrone, geviertelt
1 Handvoll frische Petersilieblättchen, gehackt

Die Hühnerbrüste, die Chilistücke, die Karotten- und die Selleriewürfel mit der Hühnerbrühe in einem Topf bei mittlerer Hitze erwärmen. Die Brühe zum Köcheln bringen und den Inhalt 10–15 Minuten kochen, bis das Hähnchen gar ist und sich leicht zerteilen lässt. Das Hähnchenfleisch aus dem Topf nehmen, mit 2 Gabeln zerteilen und auf 2 Suppenteller verteilen. Den Topfinhalt aufbewahren.

Die Bohnen auf die 2 Teller aufteilen.

Die geschlagenen Eier in den Topf mit der köchelnden Brühe und dem Gemüse gleiten lassen und bei mittlerer Hitze rühren, bis das Ei Fäden gebildet hat.

Die Suppe mit Salz, Pfeffer und Zitronensaft abschmecken – sie sollte „Persönlichkeit" haben. Dann die Suppe auf die 2 Teller aufteilen, mit Petersilie garnieren und mit einer Zitronenspalte servieren.

DIE ULTIMATIVE SCHINKEN- UND LINSENSUPPE

4–6 Portionen

Linsensuppe ist von Haus aus ja eher unsexy. Aber wie so manche altbackenen Dinge (warme Socken, Zahnseide, fleischfarbene Unterwäsche usw.) ist sie wahnsinnig praktisch. Sie ergibt ein kräftiges Mittagessen, lässt sich wunderbar einfrieren und schmeckt auch als Abendessen. Und mit ein paar Tricks lässt sie sich in eine leckere Hauptspeise verwandeln. Als Erstes müssen Sie Ihren Metzger um ein Endstück vom Schinken bitten, es ist so viel geschmacksintensiver als ein Beinschinken (außerdem vermeidet man so das eklige Gelee von der Haxe). Und dann sollten Sie gewürfelte Nori-Blätter mit hineingeben. Die Suppe hat zwar ansonsten nichts Japanisches, aber die Algen wie auch der Schinken geben dem Gericht eine herzhafte Note, verschmelzen mit der Suppe und machen das Ganze unglaublich lecker.

300 g grüne oder braune Linsen (oder eine Mischung aus beiden)
1 EL Olivenöl
1 Zwiebel, gehäutet und gewürfelt
1 Karotte, geputzt und fein gewürfelt
2 Lorbeerblätter, frisch oder getrocknet
300 g Schinken (Endstück), in Stücke in der Größe einer Streichholzschachtel geschnitten (große Fettstücke oder eventuelle Schnurstücke entfernen)
2 l Gemüsebrühe
2 EL Noriblatt-Streifen

Zum Servieren
½ Bio-Zitrone, gerieben, Schale und Saft; Olivenöl

Die Linsen 1 Stunde in einer Schüssel mit kaltem Wasser einweichen, dann abgießen und das Wasser wegschütten.

Das Olivenöl in eine schwere Pfanne oder einen Schmortopf geben und bei mittlerer Hitze erwärmen. Die Zwiebel- und die Karottenwürfel darin 5–7 Minuten anbraten, bis sie weich sind. Dann die Linsen, die Lorbeerblätter, die Schinkenstücke, die Gemüsebrühe und die Noristreifen hinzufügen und zum Kochen bringen.

Die Hitze reduzieren und die Suppe zugedeckt 1–2 Stunden köcheln lassen, bis die Linsen zerkocht sind und der Schinken dem Ganzen einen herzhaften Geschmack gegeben hat.

Den Schinken und die Lorbeerblätter entfernen und die Suppe mit einem Schneebesen cremig rühren. Den Schinken mit 2 Gabeln zerkleinern und wieder zurück in die Suppe geben. Die Suppe auf Teller verteilen und mit etwas Zitronenschale und -saft sowie Olivenöl verfeinern.

Tipp: *Die Verwendung von Algen in dieser Suppe verringert die möglichen unangenehmen Nebenwirkungen einer großen Portion Hülsenfrüchte.*

TÜRKISCHE LINSENSUPPE

6 Portionen

Rote Linsensuppe ist in jeder misslichen Lage die Rettung, egal ob ein lausiger Morgen mit einem Parkknöllchen beginnt oder man auf dem Weg zur Hagia Sofia im strömenden Regen bemerkt, dass sie heute nicht geöffnet hat. Diese Suppe verbindet in perfekter Weise Anregung und Trost. Dabei spielen die Linsen neben dem Trommeln des Kreuzkümmels und den Trillern des roten, säuerlichen Sumak-Gewürzes eher die zweite Geige. Diese Suppe ist ein wunderbares vegetarisches Abendessen, bei dem man kurz vor dem Servieren noch etwas Mangold oder Kohl mitkochen kann. Aber wenn für Sie zu einem richtigen Essen Fleisch gehört, können Sie jederzeit auch ein paar Lamm-Hackbällchen in der Suppe schwimmen lassen.

1 ½ EL Kreuzkümmel, gemahlen
3 EL Olivenöl
2 rote Zwiebeln, gehäutet und fein gewürfelt
2 Knoblauchzehen, zerdrückt oder fein gewürfelt
2 Karotten, geputzt und fein gewürfelt
3 EL Tomatenmark
500 g rote Linsen, gewaschen
1,25 l Wasser
Meersalz

<u>Zum Servieren</u>
3 EL Joghurt; 1 kleines Bund frische Minzeblättchen, gehackt;
   3 TL Sumak-Gewürz; Chili, Kohl, in kleine Stücke zerteilt,
   oder angebratene Lamm-Hackbällchen (optional)

Den Kreuzkümmel in eine schwere Pfanne oder einen Schmortopf geben und bei mittlerer Hitze 1 Minute anrösten, bis es nussig riecht. Dann das Öl hinzufügen.

Die Zwiebeln, den Knoblauch und die Karotten dazugeben und 5–7 Minuten anbraten, bis sie weich geworden sind. Dann das Tomatenmark unterrühren, bis sich alles gut verbunden hat.

Die Linsen hinzufügen, mit dem Wasser aufgießen und zum Kochen bringen. Sobald es kocht, die Hitze zurückdrehen und bei geschlossenem Deckel köcheln lassen. 20–25 Minuten kochen, bis die Linsen zerkocht sind. Gelegentlich umrühren, damit nichts am Pfannenboden anlegt.

½ EL Meersalz hinzufügen, den Herd ausschalten und abgedeckt 5–10 Minuten ziehen lassen.

Mit einem Stabmixer oder einer Küchenmaschine pürieren, bis die Suppe glatt ist. Probieren und eventuell mit etwas mehr Salz abschmecken.

Die Suppe mit einem Klecks Joghurt, frischen Minzeblättchen und einer großzügigen Prise Sumak-Gewürz servieren. Optional Chili, Kohl und Fleischbällchen hinzufügen.

RIBOLLITA

4–6 Portionen

Eine echte toskanische Ribollita besteht zum Großteil aus altem Brot. Diese Suppe hier ist anders und wahrscheinlich ist es weit hergeholt, sie auch nur eine entfernte Verwandte zu nennen. Aber wie auch immer der Name, es ist auf jeden Fall ein lohnendes Gericht für den winterlichen Speiseplan. Es ist rustikal und sättigend durch die gemischten Bohnen und schmeckt dank einer Parmesanrinde überraschend vielschichtig. Für eine vegetarische Variante können Sie den Speck weglassen und die Hühnerbrühe durch Gemüsebrühe ersetzen. Aber auf das Pesto am Schluss sollten Sie auf keinen Fall verzichten. Es ist im Kühlschrank mit Öl bedeckt gut haltbar und macht aus einem eher einfachen Gericht eine Mahlzeit, die ich jederzeit Gästen vorsetze.

Wenn Sie es für Gäste kochen, denken Sie daran, als Nachtisch etwas ähnlich Herzhaftes, aber Raffiniertes wie die Schokotörtchen mit Orange und Haselnuss (Seite 170) zu servieren.

1 EL Olivenöl
100 g Speck, in Streifen geschnitten
1 EL Fenchelsamen
1 rote Zwiebel, gehäutet und gewürfelt
2 Karotten, geputzt und gewürfelt
½ Fenchelknolle, geputzt und gewürfelt
3 Knoblauchzehen, gehäutet und in feine Scheiben
  geschnitten
½–1 TL getrocknete Chiliflocken
2 x 400 g weiße Bohnen aus der Dose, gewaschen
750 ml Hühnerbrühe
1 Parmesan-Rinde
200 g Grünkohl, Blätter und Stiele dünn aufgeschnitten
Meersalz und frisch gemahlener schwarzer Pfeffer

Pesto aus Rucola, Zitrone und Walnuss
1 Handvoll Babyrucola
½ Bio-Zitrone, geriebene Schale
½ Knoblauchzehe
2 EL Walnüsse, gehackt
25 g Parmesan, gerieben
60 ml Olivenöl

Das Olivenöl in einer schweren Pfanne oder einem Schmortopf bei mittlerer Hitze erwärmen. Den Speck und die Fenchelsamen hinzufügen und anbraten, bis das Fett ausläuft. Dann die Zwiebeln, die Karotten, den Fenchel, den Knoblauch und die Chiliflocken dazugeben und bei niedriger bis mittlerer Hitze 10–12 Minuten anbraten, bis das Gemüse weich wird.

Den gewaschenen Inhalt einer Dose Bohnen mit der Hühnerbrühe in den Mixer geben und pürieren. Zusammen mit den Bohnen aus der anderen Dose und der Parmesanrinde zum Gemüse geben. Zugedeckt 30 Minuten köcheln lassen.

Nach 30 Minuten den Kohl hineingeben und ohne Deckel weitere 10 Minuten köcheln lassen, bis er weich ist.

Für das Pesto alle Zutaten zusammen im Mixer pürieren, bis eine glatte Paste entsteht. Mit Salz und Pfeffer abschmecken.

Die Parmesanrinde aus der Suppe nehmen. Die Suppe auf Teller verteilen und mit einem großzügigen Klecks Pesto servieren.

TOMATENSUPPE „BLOODY MARY"

4 Portionen

Es gibt Dinge, die man während der Schwangerschaft und beim anschließenden Stillen besonders schmerzlich vermisst. Für mich gehörten Bloody Marys dazu. Diese bunte Mischung aus Tomatensaft, Wodka, Worcestershire-Sauce und Tabasco mit einem Stück Stangensellerie hat etwas Festliches und ist immer ein Highlight, egal wo auf dem Erdball man sich gerade befindet. Aus unerfüllten Sehnsüchten danach entstand diese jungfräuliche Version. Dabei wird die Wärme des Alkohols durch die Hitze des Ofens ersetzt. Tomaten und Sellerie sind weich und intensiv, und der gebratene Knoblauch ist überraschend süß. Die weißen Bohnen sind optional, sie machen die Suppe nahrhafter, ohne das Geschmacksprofil zu sehr zu verändern. Sie müssen nur aufpassen, wie scharf Sie das Ganze haben wollen. Als ich das Rezept das zweite Mal kochte, erhöhte ich den Schärfegrad um einiges und genoss es sehr. Zwei Stunden später stillte ich meinen sechs Wochen alten Sohn. Manchmal hält einen ein Bloody Mary aus den richtigen Gründen die ganze Nacht wach. Dies war ein anderer Fall. In den folgenden Stunden jammerte und klagte mein Sohn so lange, bis ich begriff, dass es nicht jeder brennend scharf mag. So lerne ich aus meinen Fehlern und mache etwas vorsichtiger weiter. Sie können immer noch nachwürzen. Aber wenn die Schärfe mal da ist, lässt sie sich kaum noch mildern.

1 ganze Knoblauchknolle, die Oberseite abgeschnitten
250 g Stangensellerie (etwa 3 Stangen), in 6 cm lange Stücke geschnitten (das Grün zum Garnieren aufbewahren)
800 g (etwa 10–12 Stück) Tomaten, der Länge nach halbiert
4 EL Olivenöl
2 TL Meersalz
1–2 TL getrocknete Chiliflocken (je nach Geschmack)
400 g weiße Bohnen aus der Dose, gewaschen
2 EL Worcestershire-Sauce
½ Zitrone, Saft
125 ml Wasser
Tabasco (zum Servieren)

Den Ofen auf 150 °C vorheizen.

Den Knoblauch, den Sellerie und die Tomaten mit der aufgeschnittenen Seite nach oben auf ein Backblech legen. Mit Olivenöl beträufeln und mit Salz und Chiliflocken bestreuen. Im vorgeheizten Ofen 1 ½ Stunden backen, bis die Tomaten runzlig sind. Anschließend 5–10 Minuten abkühlen lassen.

Die gebratenen Knoblauchzehen aus ihrer Haut drücken und mit dem gebackenen Gemüse und eventuellen Säften vom Backblech im Mixer pürieren. Die Bohnen, die Worcestershire-Sauce, den Zitronensaft und das Wasser hinzugeben und pürieren, bis es eine glatte Suppe ist. Nach Bedarf mit Salz, Chili oder Zitronensaft abschmecken.

Die Suppe heiß servieren. Dazu Selleriestangen zum Dippen reichen sowie Tabasco für Gäste, die es schärfer mögen.

Tipp: *Wenn etwas mehr Protein gewünscht wird, kann man je ein pochiertes Ei auf der Suppe schwimmen lassen.*

KALTE SUPPE MIT WEISSEN BOHNEN, GURKE, MINZE UND JOGHURT

1–2 Portionen

Es gibt Tage, an denen es zu heiß zum Denken, geschweige denn zum Kochen ist. Für diese Zeit, wenn man vor Hitze fast vergeht, habe ich ein Spezialrezept. Es ist nicht wirklich ein Gazpacho, aber auch nicht wirklich ein Tsatsiki. Knoblauch und Zitronen verleihen den südlichen Touch, die Gurke blumige Weichheit, die Bohnen Substanz und der Joghurt Leichtigkeit. Wenn es etwas raffinierter sein soll, können Sie das Ganze auch noch hübsch mit Oliven, Minzeblättchen und Pistazien dekorieren. Aber falls Sie vor allem hungrig sind, mixen Sie einfach nur alles zusammen, bis es glatt ist, und verteilen es auf die Schälchen. Dann kann es sich jeder nach Geschmack dekorieren.

½ große Salatgurke
400 g weiße Bohnen aus der Dose, gewaschen
½ Bio-Zitrone, geriebene Schale und Saft
300 g Joghurt
1 kleine Knoblauchzehe, gehäutet und gerieben
1 Handvoll frische Minzeblättchen
1 Eiswürfel
Meersalz und frisch gemahlener schwarzer Pfeffer
1 EL Olivenöl, plus extra zum Beträufeln
1 Handvoll Pistazien, ohne Schale
1 Handvoll grüne Oliven, entkernt und in Scheiben geschnitten
grüne Chili, in Scheiben geschnitten (optional)

Die Gurke in eine Schüssel hobeln und die Bohnen, die Zitronenschale und den -saft, den Joghurt, den Knoblauch und drei Viertel der Minzeblättchen dazugeben.

Die Zutaten in der Schüssel mit einem Stabmixer pürieren, bis sie sich gut vermischt haben. Den Eiswürfel hinzufügen und schmelzen lassen, um so die Suppe zu kühlen.

Falls die Suppe noch feiner gewünscht wird, durch ein Sieb streichen.

Die Suppe mit Salz, Pfeffer und Olivenöl abschmecken, dann in Schälchen portionieren. Mit den verbleibenden Minzeblättchen, den Pistazien und den Oliven garnieren und nach Bedarf mit etwas Olivenöl beträufeln. Mit etwas Chili würzen, falls mehr Schärfe gewünscht ist.

KALTE KICHERERBSENSUPPE MIT CURRY

1 große Portion oder 2 kleinere Portionen

Diese Suppe nimmt die Wärme eines Kichererbsen-Currys und macht sie genießbar für die Tage, an denen einem der Teer unter den Füßen schmilzt. Sie passt perfekt zu einem kühlen Bier und einem Match, an dessen Ergebnis man nicht wirklich interessiert ist. Sparen Sie nur nicht an den Kurkuma-Kichererbsen, sie bieten einen köstlichen Kontrast in der Konsistenz (falls Sie allerdings sehr in Eile sind, können Sie auch einfach ein paar von den Würzigen Kichererbsen von Seite 44 dazuwerfen).

400 g Kichererbsen aus der Dose, gewaschen
200 g Kirschtomaten
¾ EL Currypulver
1 Bio-Limette
4 EL Joghurt
4 Eiswürfel
2 EL Sonnenblumenöl
1 TL Kurkuma, gemahlen
kleine grüne oder rote Chili, gehackt

Zubehör
ein Mixer, der Eiswürfel zerkleinern kann

Drei Viertel der Kichererbsen, alle Kirschtomaten, das Currypulver, den Saft und die Schale einer ½ Limette, 2 EL Joghurt und die Eiswürfel so lange pürieren, bis eine glatte Suppe entsteht. Falls sie zu dickflüssig ist, ein paar EL kaltes Wasser hinzufügen. Im Kühlschrank bis zum Servieren kaltstellen.

Das Öl und die Kurkuma in einer Pfanne erhitzen. Darin die restlichen Kichererbsen anbraten, bis sie golden und knusprig sind.

Falls die Suppe noch feiner gewünscht wird, durch ein Sieb streichen.

Die Suppe auf 1–2 Schälchen verteilen. Mit einem Klecks Joghurt, einer Limettenspalte, den gehackten Chilis und den angebratenen Kichererbsen dekorieren.

AGUADITO ODER PERUANISCHE HÜHNERSUPPE MIT KORIANDER

2–3 Portionen

Diese Suppe ist nichts für die Leute, die der Meinung sind, Koriander schmecke wie Seife. Aber für den Rest kann sie eine echte Offenbarung sein. Als mir ein peruanischer Freund das erste Mal dieses Aguadito machte, war ich platt, wie viel Grünzeug seinen Weg in den Topf fand. Es war frech und gewagt und einfach unvergesslich, wie der kräftige Geschmack des Korianders von der seidigen Hühnerbrühe und dem Pep von Limette und Chili kontrastiert wurde. Und obwohl alle Zutaten sommerlich leicht erscheinen, ist dies eine überraschend sättigende Suppe, vor allem wenn man sich wie ich die Freiheit nimmt, sie durch grüne Erbsen und Quinoa zu ergänzen. Quinoa ist normalerweise kein Bestandteil eines Aguadito, aber für mich gehört sie einfach mit dazu. Auf diese Weise kann man zwei der berühmtesten peruanischen Geschmacksrichtungen in einem Topf vereinen.

1 großes Bund frischer Koriander, gründlich gewaschen
1 Zwiebel
2 Knoblauchzehen, gehäutet
3 EL Olivenöl
1 l Hühnerbrühe
85 g Quinoa, gründlich gewaschen
2 Hühnerbrüste, roh, oder 350 g gekochtes, zerteiltes Hühnerfleisch
130 g Erbsen, gefroren
1 TL Meersalz

Zum Servieren
2–3 Limettenspalten und fein gehackte grüne Chili (optional)

Die Korianderstängel abschneiden. Die Stängel grob hacken, die Blättchen beiseitelegen.

Die Korianderstängel, die Zwiebel, den Knoblauch und 2 EL Olivenöl in einem Mixer zu einer Paste pürieren.

Einen Topf bei mittlerer Hitze erwärmen. Die Korianderpaste hineingeben und 3 Minuten anbraten, bis die Zwiebel und der Knoblauch weich werden.

Die Hühnerbrühe in den Topf gießen und zum Kochen bringen. Die Quinoa dazugeben und zugedeckt 15 Minuten köcheln lassen. Falls rohes Hähnchen verwendet wird, jetzt mit in den Topf geben. Nach 15 Minuten oder wenn die Quinoa und das Hähnchen gar sind, das Hühnerfleisch aus dem Topf nehmen und mit 2 Gabeln zerteilen.

Die gefrorenen Erbsen und das zerteilte Hühnerfleisch in den Topf geben und erhitzen, bis alles kochend heiß ist.

Die Korianderblättchen, das restliche Olivenöl und das Salz mit dem Mixer zu einer glatten Paste pürieren. Vor dem Servieren diese Paste in die Suppe rühren und mit Limettenspalten und nach Geschmack etwas grünen Chilistücken würzen.

WEISSE KNOBLAUCHSUPPE
MIT ROTEN TRAUBEN

4 Portionen

Das hier ist noch so eine Suppe, die traditionell mit viel Brot gekocht wird (dieses Mal aus dem Süden von Spanien) und der ich durch weiße Bohnen neues Leben eingehaucht habe. Dieser cremige Traum aus blanchierten Mandeln, gekochtem Knoblauch und Milch wird normalerweise kalt serviert, wobei aufgeschnittene Trauben für Süße sorgen. Eigentlich verwendet man weiße Trauben, aber ich finde den farblichen Kontrast der roten Trauben einfach toll. In Schnapsgläschen gefüllt, ist die Suppe ein eleganter Appetithappen, eventuell mit ein paar Granatapfelsamen garniert. Wenn man das Wasser weglässt, ist sie außerdem eine großartige warme Sauce zu gebratenem Fisch, Lamm oder Hähnchen (versuchen Sie es mit der Seebrasse im Zucchinimantel auf Seite 90). Um die richtige, samtige Konsistenz zu erreichen, brauchen Sie einen sehr guten Mixer. Sonst können Sie die Suppe auch vor dem Servieren durch ein Sieb streichen.

3 Knoblauchzehen, gehäutet
250 ml Milch
120 g Mandeln, blanchiert
400 g weiße Bohnen aus der Dose, gewaschen
1 TL Meersalz
125 ml Wasser
2 EL Olivenöl
1 TL Rotweinessig
12 rote Trauben, in Scheiben geschnitten

Den Knoblauch und die Milch in einem Topf bei mittlerer Hitze zum Köcheln bringen. Den Knoblauch etwa 7 Minuten kochen, bis eine Messerspitze problemlos eindringt.

Die Milch, den Knoblauch, die Mandeln, die Bohnen und das Salz in einem Mixer pürieren, bis eine glatte Paste entsteht. Das Wasser hineinträufeln und weitermixen, bis eine glatte, cremige Konsistenz erreicht ist.

Das Olivenöl und den Essig hineingeben und verrühren, bis sich eine Emulsion bildet.

Die Suppe entweder lauwarm oder gekühlt servieren. Jede Portion mit Traubenscheiben dekorieren.

GRÜNE SUPPE MIT CHORIZO-MANDEL-KRÜMELN

2–3 Portionen

Abende, an denen man unbedingt etwas Grünes braucht, haben oft etwas mit Jetlag zu tun. So ist dieses Rezept nach einem späten Flug aus Sydney entstanden. Als ich „den Hungrigen" fragte, was er sich zum Abendessen wünschte, antwortete er: „Eigentlich sollte ich wohl etwas Grünes essen, aber ich bin zu müde zum Kauen." Und so kreierte ich diesen Kermitgrünen Genuss. Hier ein paar Tipps, damit das Ganze sicher gelingt: Bereiten Sie das Gemüse wie für ein Pfannengericht zu (in ungefähr gleich große Stücke schneiden, damit alles gleichzeitig gar ist). Die harten Gemüsesorten zuerst anbraten und die weichen erst später hinzufügen. Dabei nichts zu weich werden lassen. Alles kurz in kochend heiße Brühe tauchen, dann von der Herdplatte nehmen, ehe es braun und trostlos wird wie ein vergessener Blumenstrauß.

Vielleicht wundern Sie sich über den Apfel auf der Zutatenliste, aber er hilft, die Bitterkeit des Chinakohls auszugleichen. Chorizo und Mandeln dagegen schenken Schärfe und machen die Konsistenz interessant. Vegetarier können sie aber jederzeit durch Ziegenfrischkäse, Zitronenschale und geröstete Pinienkerne ersetzen. Sie werden sehen, so ist die Suppe genauso stärkend (wenn nicht noch mehr).

1 EL Olivenöl
1 süßer roter Apfel, geschält, entkernt und gewürfelt
200 g Brokkoli, mit Stiel gewürfelt
1 Zucchini, gewürfelt
220 g gefrorene Erbsen
3 Handvoll Grünkohlblätter, fein gehackt
500 ml heiße Gemüse- oder Hühnerbrühe
Meersalz
2 EL frische Petersilienblättchen

Chorizo-Mandel-Krümel (optional)
50 g Chorizo, per Hand in kleine Stücke gekrümelt
1–2 EL Olivenöl und 1 TL Paprikapulver (nach Bedarf)
2 EL Mandelblättchen

Das Olivenöl in einer schweren Pfanne oder einem Schmortopf bei mittlerer Hitze erwärmen. Die Apfelstücke hineingeben und 2 Minuten dünsten. Danach den Brokkoli hinzufügen und 2–4 Minuten anbraten.

Die Zucchini, die Erbsen und den Grünkohl dazugeben und unter Rühren etwa 4 Minuten dünsten, bis die Erbsen aufgetaut sind und der Kohl welk wird.

Die heiße Brühe in den Topf gießen und zum Köcheln bringen. Den Topf abdecken und köcheln lassen, bis der Apfel und der Brokkoli weich sind.

Mit einem Stabmixer oder Mixer den Inhalt des Topfes pürieren, bis er glatt ist. Wenn eine Küchenmaschine verwendet wird, nicht bis zum Rand füllen und mit einem Küchentuch abdecken, um zu vermeiden, dass heiße Flüssigkeit herausspritzt.

Probieren und nach Bedarf mit Salz abschmecken.

Die Chorizo-Krümel in einer Pfanne bei mittlerer Hitze anbraten, bis sie durch sind und rötliches Öl ausschwitzen. Falls kein Öl austritt, Olivenöl und Paprikapulver hinzufügen. Die Mandelblättchen dazugeben und anbraten, bis sie sich mit Öl vollgesogen haben.

Die Suppe mit den Chorizo-Krümeln und der Petersilie dekorieren und servieren.

Welche Beilage kocht man, wenn man keine Baked Potatoe essen will, kein lockeres Fladenbrot, keinen gekochten Reis, keine Pommes, keinen samtigen Kartoffelbrei und keinen Nudelberg? Womit bedeckt man dann den Großteil des Tellers? Hier folgt eine Reihe von Beilagen und Salaten, die in Zukunft einen Ehrenplatz auf Ihrer Tafel einnehmen werden. Ich reiche dazu eine Auswahl an gegrillten und gebratenen Eiweiß-Spendern wie Lamm, Hähnchenschenkel, Steak oder Lachs, Tofu oder hartgekochte Eier. Das bedeutet, dass ich es endlich geschafft habe, ein Stück gegrillten Fisch mit einer der folgenden Beilagen auf den Tisch zu stellen, ohne dass „der Hungrige" fragt, was es als Hauptgericht gibt.

INTERESSANTE BEILAGEN & SALATE

(MIT DENEN MAN AUCH EINEN 1,90-METER-MANN SATT BEKOMMT)

EINFACHE PÜREES ALS PROTEINSPENDER (AUF WIEDERSEHEN, KARTOFFELBREI!)

All die cremigen Breis aus weißen Kohlenhydraten habe ich anfangs am meisten vermisst. Was ist schon ein Lammkotelett ohne sein Bett aus zerstampften Kartoffeln, ein Osso Bucco ohne ein Risotto Milanese oder eine Tajine ohne einen Berg Couscous?

Eine einfache Lösung können Pürees aus anderen Gemüsen und Hülsenfrüchten mit einem niedrigeren GI sein. Einfach gedünstet, gedämpft oder erhitzt und dann püriert, bilden diese sechs Pürees die Grundlage für kräftige Mahlzeiten. Diese Basisrezepte lassen sich mit ein paar zusätzlichen Kräutern oder Gewürzen jederzeit variieren, so dass sie in eine völlig neue Richtung weisen (versuchen Sie Kreuzkümmel oder Kurkuma zu den Karotten oder Minze und Estragon mit den Erbsen). Und wenn Ihnen beim Kochen nicht mehr einfällt als ein Püree, dann ist das nicht weiter schlimm. Denn mit einer Tasse Wasser oder Brühe zaubern Sie daraus eine Suppe. Damit ist das Abendessen schon erledigt.

FENCHEL-PÜREE

2 Portionen

1 TL Fenchelsamen
4 EL Olivenöl
1 mittelgroße Fenchelknolle (oder 2 kleine), Wurzeln und Spitzen entfernt, gewürfelt
1 Prise Meersalz

Die Fenchelsamen in einer Pfanne bei mittlerer Hitze 1–2 Minuten rösten, dabei ständig durchschütteln. Die Hälfte des Olivenöls, die Fenchelwürfel und das Salz hinzufügen und 7–10 Minuten dünsten, bis der Fenchel weich ist. Mit dem restlichen Olivenöl pürieren, bis ein glatter Brei entstanden ist.

Zum Servieren: *Passt wunderbar zu Fisch oder Schwein. Zu Schwein können Sie einen geschälten, entkernten und gewürfelten Granny-Smith-Apfel mit in die Pfanne geben.*

BLUMENKOHL-PÜREE

6 Portionen (lässt sich gut einfrieren)

1 Blumenkohl, die grünen Teile entfernt, in kleine Röschen geschnitten, Stiel gewürfelt
250 ml Wasser
1 Prise Meersalz
2 EL Olivenöl

Den Blumenkohl und das Wasser in einem Topf zum Köcheln bringen. Zugedeckt bei mittlerer Hitze 15 Minuten kochen, dabei gelegentlich umrühren, damit nichts anbrennt. Nach 15 Minuten den Deckel entfernen und weitere 10 Minuten unter gelegentlichem Umrühren köcheln, bis der Blumenkohl weich ist. Mit Salz und Olivenöl pürieren, bis ein glatter Brei entsteht.

Zum Servieren: *Passt besonders gut zu Steak, Würstchen, Hähnchen, Jakobsmuscheln oder Lamm. Außerdem schmeckt es auch mit etwas Kräuteröl oder Pesto darübergeträufelt als wärmende Suppe.*

ERBSEN-PÜREE

2 Portionen

260 g gefrorene Erbsen
1 ½ EL Wasser
1 EL Olivenöl
½ TL Meersalz

Die Erbsen und das Wasser in einen Topf geben und bei mittlerer Hitze erwärmen, bis sie gründlich durcherhitzt sind. Mit Olivenöl und Salz vermischen und pürieren. Warm servieren.

Zum Servieren: *Passt wunderbar zu rosa Fisch, Hähnchen oder Lamm. Lässt sich gut mit einer Handvoll frischer Minzeblättchen und 1 EL zerkrümeltem Feta oder 1 EL Pesto verfeinern. Ansonsten kann man auch 1 EL grüne Currypaste im Topf anbraten, ehe man die Erbsen hinzufügt. Das ergibt eine erfrischend asiatische Note, die eine gute Alternative statt Reis zu gebratenem Fisch ist.*

KAROTTEN-PÜREE

2 Portionen

4 mittlere Karotten, geputzt und gewürfelt
1 EL Olivenöl
½ TL Meersalz

Die Karotten 2 Minuten dünsten, bis ein Messer leicht durchdringt. Mit Olivenöl und Salz vermischen und pürieren. Warm servieren.

Zum Servieren: *Köstlich zu Roastbeef, Hähnchen oder weißem Fisch. Für eine orientalische Note kann man 3 EL Hummus oder 1 EL Tahini-Paste hinzufügen oder auch etwas frisch geriebenen Ingwer für mehr Pep.*

WEISSE-BOHNEN-PÜREE

4 Portionen

2 x 400 g weiße Bohnen aus der Dose, gewaschen
1 ½ EL Milch
½ TL Meersalz
1 EL Olivenöl

Die Bohnen und die Milch zusammen mit einem Stabmixer pürieren, bis sich ein glatter Brei ergibt. Das Püree in einem Topf unter Rühren vorsichtig erwärmen, damit nichts anbrennt. Vor dem Servieren mit Salz bestreuen und mit Öl beträufeln.

Zum Servieren: *Anstelle von Kartoffelbrei servieren. Lässt sich mit angebratenem Knoblauch oder Kohl und Frühlingszwiebeln verfeinern für eine Variation des Eintopfs mit weißen Bohnen und geschmortem Rindfleisch (siehe Seite 142).*

SCHÄLERBSEN-PÜREE

4 Portionen

210 g getrocknete gelbe Schälerbsen, gewaschen
1 Lorbeerblatt, frisch oder getrocknet
3 Knoblauchzehen, gehäutet
1 TL Meersalz
4 EL Olivenöl
2 EL Rotweinessig

Die Schälerbsen in einem großen Topf mit Wasser bedecken, so dass das Wasser 5 cm höher steht. Bei großer Hitze zum Kochen bringen, dann die Hitze reduzieren und 5 Minuten köcheln. Eventuellen Schaum an der Oberfläche mit einem Löffel abschöpfen. Das Lorbeerblatt und die Knoblauchzehen hinzufügen und 40 Minuten köcheln lassen. Das Salz hinzugeben und weitere 20 Minuten köcheln, bis die Schälerbsen weich sind. Die Flüssigkeit abgießen und das Lorbeerblatt entfernen. Mit Olivenöl und Essig pürieren, bis der Brei sehr glatt ist.

Zum Servieren: *Dieses griechisch-inspirierte Püree schmeckt herrlich mit kurz angebratenen Kapern, als Beilage zu Lamm-Spießchen oder gegrilltem Fisch und Tintenfisch. Lecker ist es außerdem als Dip für Gemüse-Sticks oder zu einem Schälchen Oliven.*

BROKKOLI-STEAKS MIT CHIMICHURRI-SAUCE UND PARANÜSSEN

4 Portionen

Wenn einem in den tollen Grillrestaurants von Buenos Aires beim Anblick von Fleisch übel wird, ist das ein hartes Los. So erging es mir, als ein Abenteuerurlaub in Südamerika mit meiner Schwangerschaft zusammen-fiel. An so manchem Abend fühlte ich mich gefangen zwischen Brocken von blutigem Fleisch und Bergen von langweiligen Nudeln. Dann wünschte ich mir jedes Mal, dieses Brokkoli-Gericht stünde auf der Speise-karte. Man zerteilt den Brokkoli in „Steaks" und brutzelt ihn auf dem Grill. Das ist nicht nur optisch eine Abwechslung (es sieht aus wie der Querschnitt durch einen Baum), sondern betont außerdem den fleischi-gen und nussigen Geschmack des Brokkolis. Dazu reicht man Chimichurri, die traditionelle südamerikani-sche Steaksauce, die aus Kräutern, Schärfe und hier der Fruchtigkeit von Orangen besteht. Sie passt zu Brokkoli genauso gut wie zu rotem Fleisch. Heutzu-tage liebe ich mein Steak medium.

1–2 Brokkoli (je 600 g), der Stiel auf 3 cm zugeschnitten,
   der Kopf längs in 4 „Steaks" von ca. 2 cm Dicke geschnitten
2 EL Olivenöl
Meersalz
1 TL getrocknete Chiliflocken
35 g Paranüsse, grob gehackt

Chimichurri-Sauce
1 Handvoll frisch gepflückte Petersilienblättchen
1 Handvoll frisch gepflückte Oreganoblättchen
1 Handvoll frisch gepflückte Korianderblättchen
1 EL Korianderstängel, fein gehackt
½ Knoblauchzehe, gehäutet
60 ml hochwertiges Olivenöl
geriebene Schale von ½ Bio-Orange
2 EL Orangensaft
1 TL Rotweinessig
frische Chili, zum Abschmecken

Für die Chimichurri-Sauce die frischen Kräuter, den Knoblauch und das Olivenöl in einem Mixer pürieren, bis der Brei glatt ist. Die Orangenschale, den Saft und den Essig hinzufügen und nochmals kurz pürieren.

Großzügig mit Salz und Chili abschmecken. Nach Bedarf etwas mehr Knoblauch dazugeben (Achtung: Der Geschmack wird mit der Zeit intensiver).

Für den Brokkoli eine Grillpfanne bei mittlerer Hitze vorheizen. Jedes „Steak" mit Olivenöl bepinseln, mit Chiliflocken bestreuen und salzen. Mit geschlossenem Deckel grillen, bis die „Steaks" leicht schwarz und gar sind – etwa 5–6 Minuten pro Seite. Den gegrillten Brokkoli mit der Chimichurri-Sauce beträufeln und mit knackigen Paranussstückchen bestreuen.

PIKANTE BRATÄPFEL MIT ZIEGENFRISCHKÄSE UND PARMASCHINKEN

6 Portionen

Bratäpfel, mit Butter, Zimt, Walnüssen, Rosinen und Mandeln gefüllt, waren die Lieblingsnachspeise meiner englischen Großmutter. Sie servierte sie warm mit kalter Vanillesauce, und dabei war die Haut der Äpfel so verschrumpelt wie die Haut ihrer Hände. Mit diesem Rezept schlage ich eine pikante Richtung ein. Die Äpfel passen wunderbar zu bitterem, grünem Salat, eventuell mit einem Brathähnchen. Verwenden lassen sich alle richtig knackigen, roten Äpfel. Grüne Äpfel sind eventuell etwas zu sauer. Der Ziegenfrischkäse lässt sich auch durch Wurstbrät ersetzen, wenn Sie es etwas herzhafter mögen. Und der Lavendel, der absolut kein Muss ist, gibt dem Ziegenkäse eine subtile blumige Note, die sehr gut zur ländlichen Süße des Apfels passt.

6 kleine rote Äpfel (z.B. Royal Gala)
8 Scheiben (80 g) Parmaschinken, 6 davon der Länge nach
  geteilt, 2 davon gedrittelt (mundgerechte Stücke)
30 g Haselnüsse, geröstet und grob gehackt
30 g Mandeln, geröstet und grob gehackt
170 g Ziegenfrischkäse
1 EL frische Rosmarinnadeln, fein gehackt
1 Prise unbehandelte Lavendelblüten (optional)
etwas Olivenöl
Meersalz und frisch gemahlener schwarzer Pfeffer
200 ml Apfelcidre oder -saft
1 Handvoll Salatblätter (pro Person)

Zubehör
Apfelentkerner oder Melonenportionierer

Den Ofen auf 150 °C vorheizen.

Die Oberseite der Äpfel 1 cm unter dem Stielansatz abschneiden, die Abschnitte aufbewahren. Die Kerngehäuse mit einem Apfelentkerner oder Melonenportionierer entfernen und in der Mitte einen etwa korkenbreiten Durchstich schaffen. Die verbleibenden Apfelwände sollten 1–1,5 cm dick sein. Die Kerngehäuse wegwerfen. Dann die Äpfel mit einem scharfen Messer etwa 1 cm unterhalb des Randes rundherum einschneiden, damit sie während des Backens nicht platzen.

Je ein kleines Schinkenstückchen pro Apfel bis unten durchstecken, so dass es einen Boden bildet und die Enden etwas in den Durchstich hinaufreichen. Damit soll verhindert werden, dass die Füllung während des Backens herausfällt.

Die gehackten Nüsse und Mandeln mit dem Ziegenkäse, dem Rosmarin und nach Geschmack mit dem Lavendel vermischen. Etwas Olivenöl hinzugeben und mit einer Gabel gründlich verrühren. Mit Salz und Pfeffer abschmecken.

Diese Füllung in 6 Portionen aufteilen und jeweils in einen Apfel füllen. Dabei achtgeben, dass das Schinkenstückchen nicht herausdrückt wird.

Jeden Apfel mit 2 Schinkenstreifen umwickeln. Dabei den fettesten Teil an der Frucht festkleben. Falls das nicht halten sollte, kann man den Schinken auch mit einem Cocktailspießchen fixieren.

Die Äpfel in eine Auflaufform setzen und mit etwas Olivenöl beträufeln. Den Cidre oder Apfelsaft in die Form gießen und die Apfeldeckel dazugeben.

Die Form mit Alufolie abdecken (die Folie sollte die Äpfel und die Füllung möglichst nicht berühren) und im vorgeheizten Ofen 40 Minuten backen. Die Folie entfernen, die Temperatur auf 180 °C erhöhen und weitere 20 Minuten backen, bis die Äpfel weich und die Schinkenstreifen knusprig sind.

Die Äpfel warm servieren, dabei die Deckel wie flotte Hütchen auf jeden Apfel setzen. Auf Salatblätter betten und mit etwas Saft aus der Form beträufeln.

ROSENKOHL MIT HASELNÜSSEN UND LINSEN IM SENFDRESSING

4 Portionen

Endlich habe ich auch in Sydney den Geschmack von Buenos Aires. Porteno in Surrey Hills ist das Steakhouse, das man im Stadtteil San Telmo erwartet, aber nie wirklich gefunden hat. Neben dem Rind, das im Ganzen über einem Holzfeuer gegrillt wird, ist es berühmt für seinen märchenhaften frittierten Rosenkohl. Das hier ist eine etwas leichtere Version aus dem Ofen, die mit getrockneten Äpfeln und Haselnüssen kombiniert wird, was dem Gericht Biss und Süße verleiht. Dazu esse ich gerne gegrilltes Lamm oder Rind, Vegetarier können dazu die Brokkoli-Steaks von Seite 68 servieren. Tango-Melodien im Hintergrund sind kein Muss.

500 g Rosenkohl, Röschen vom Stiel gelöst, halbiert
4 EL Olivenöl
1 großzügige Prise Meersalz
70 g Haselnüsse, grob gehackt (halbiert reicht)
1 Handvoll frische Petersilieblättchen, grob gehackt

Linsen im Senfdressing
50 g kleine grüne Linsen
50 ml Olivenöl
25 ml Apfelessig
2 EL brauner Zucker
1–2 TL scharfer Senf (oder Dijon-Senf für milderen
  Geschmack)
2 EL getrocknete Äpfel, fein gehackt (optional)

Den Ofen auf 200 °C vorheizen.

Die Rosenkohlhälften mit der aufgeschnittenen Seite nach oben eng in eine Auflaufform schichten. Mit dem Olivenöl beträufeln, salzen und mit den Haselnüssen bestreuen. Im vorgeheizten Ofen 40 Minuten backen, bis die Oberfläche gebräunt und das Innere weich ist.

Während der Backzeit des Rosenkohls die Linsen zubereiten. Dazu die Linsen gründlich waschen, dann in einen großen Topf geben und mit Wasser bedecken, 2 cm Überstand. Das Wasser zum Kochen bringen und 15–20 Minuten kochen, bis die Linsen weich sind.

Das Öl, den Essig, den braunen Zucker und den Senf in einem kleinen Topf bei niedriger Hitze verrühren, bis das Ganze leicht köchelt. Es soll sich gut verbinden und warm sein. Das Dressing probieren. Nach Geschmack noch etwas Senf hinzufügen und gründlich verrühren.

Die gekochten Linsen abgießen und mit dem warmen Dressing vermischen. Nach Geschmack getrocknete Apfelstückchen hinzufügen.

Die angemachten Linsen über den gebackenen Rosenkohl verteilen. Mit Petersilie bestreuen.

Tipp: *Falls Sie wenig Zeit haben, können Sie jederzeit Linsen aus der Dose nehmen. Sie werden abgegossen und gründlich gewaschen und anschließend mit dem warmen Dressing in einem Topf erwärmt.*

BLUMENKOHL-BROKKOLI-GRATIN

4 Portionen

Blumenkohl oder Brokkoli mit Sauce ist für mich der Inbegriff eines tröstlichen Kinderessens. Tatsächlich war das erste Rezept, das mir meine Mutter beibrachte, eine Béchamel-Sauce. Ich weiß noch gut, wie ich immer auf der Küchenbank saß und ihr zusah, wie sie methodisch warme Milch in die Mehlschwitze rührte, so dass sie allmählich seidenweich wurde. Anschließend wurde die Sauce über Brokkoli- oder Blumenkohlröschen gegossen und im Ofen gebacken, bis sich die Oberfläche kräuselte und Blasen warf. Dieses Rezept hier funktioniert etwas anders und hat ein raffiniertes Blumenkohl-Käse-Püree als Sauce. Schau, Mum! Das funktioniert ganz ohne Mehl! Und man schmeckt den Unterschied kaum. Stattdessen ist es eine intensive Kombination aus weichen und knusprigen Gemüsesorten und etwas Milch. Das Ergebnis ist immer noch verführerisch cremig, ein Wohlfühlessen im besten Sinne (und passt wunderbar zu Hähnchen, Steak oder hochwertigen Würstchen).

400 g Blumenkohl, grüne Teile entfernt, in kleine Röschen zerteilt, der Stiel gewürfelt
200 ml Wasser
Meersalz
100 g Mozzarella oder Provolone, geraspelt
1 großer Brokkolikopf (650 g), in kleine Röschen zerteilt
30 g Parmesan, gerieben
25 g Mandelblättchen
1 Prise getrocknete Chiliflocken (optional)

Den Blumenkohl mit dem Wasser in einem zugedeckten Topf bei mittlerer Hitze 15 Minuten köcheln, dabei gelegentlich umrühren, damit er nicht anlegt oder anbrennt. Den Deckel entfernen und weitere 10 Minuten köcheln, bis der Blumenkohl weich ist, gelegentlich umrühren. Mit einer Prise Salz abschmecken, dann mit einem Stabmixer zu einer weichen Creme pürieren.

Das Blumenkohl-Püree in den Topf zurückgeben und den Mozzarella oder Provolone hinzufügen. Bei niedriger Hitze unter Rühren erwärmen, bis der Käse geschmolzen ist.

Den Backgrill auf oberster Stufe vorheizen.

Den Brokkoli 3 Minuten dünsten, bis er bissfest ist.

Den Brokkoli in eine Auflaufform geben und die Blumenkohl-Käse-Sauce darübergießen. Die Oberfläche mit Parmesan und Mandelblättchen bestreuen. 7 Minuten grillen, bis die Oberfläche golden wird und die Mandeln gebräunt sind. Nach Geschmack Chiliflocken darüberstreuen. Heiß servieren.

SALAT AUS KICHERERBSEN, LAUCH, APFEL UND BIRNE

2 Portionen

Dieser wärmende, herbstliche Salat hat durch den Lauch eine gewisse Süße, die durch getrocknete Aprikosen und Apfelscheiben noch verstärkt wird. Außerdem kann man mit Fenchelsamen und Knoblauch, die man in Olivenöl anbrät, ganz einfach die Grundlage für ein leckeres Dressing zaubern. Die Kichererbsen geben dem Ganzen eine feste Konsistenz, die sich aber auch jederzeit durch weiße Bohnen oder gedünsteten Blumenkohl ersetzen lässt. Ich liebe den Salat als Beilage zu einem Blauschimmelkäse-Soufflé (Seite 120), an einem Sonntagabend, wenn es allmählich kühl wird. Danach schmeckt eine Portion Rhabarber-Apfel-Beeren-Crumble (Seite 167).

1 EL Fenchelsamen
4 EL Olivenöl
2 Knoblauchzehen, gehäutet, in feine Scheiben geschnitten
1 Lauchstange, längs halbiert, gewaschen und quer in 3 mm dünne Streifen geschnitten
400 g Kichererbsen aus der Dose, gewaschen
3 EL getrocknete Birne, in feine Scheiben geschnitten
Meersalz und frisch gemahlener schwarzer Pfeffer
1 EL Apfelessig
2 EL Mandeln, geröstet und grob gehackt
½ Apfel (Pink Lady), in sehr feine Scheiben geschnitten

Eine Pfanne bei mittlerer Hitze erwärmen und die Fenchelsamen darin 1 Minute anrösten.

Die Hälfte des Olivenöls und den Knoblauch hinzufügen. Die Hitze zurückdrehen und 2 Minuten anbraten, dabei achtgeben, dass der Knoblauch nicht anbrennt. Den Lauch hinzufügen und 8–10 Minuten dünsten, bis er weich ist. Dann die Kichererbsen dazugeben und erwärmen.

Den Pfanneninhalt mit den getrockneten Birnenstreifen vermischen. Mit Salz und Pfeffer würzen und mit dem verbleibenden Öl und dem Essig abschmecken. Mit den gerösteten Mandeln und den Apfelscheiben dekorieren.

„DREI-BOHNEN"-SALAT MIT BASILIKUM-PESTO

4 Portionen

Grüne Bohnen mit Pesto ist in Ligurien eine klassische Kombination, die oft mit einer doppelten Ladung Kohlenhydrate aus Nudeln und Kartoffeln gegessen wird. Wenn Sie es etwas leichter mögen, ist vielleicht diese Variation eines „Drei-Bohnen"-Salats etwas für Sie. Die Grundlage aus grünen Bohnen und einer leichten Basilikumsauce bleibt bestehen, aber die weißen und Borlotti-Bohnen sind echte Energiespender (statt Borlotti-Bohnen könnte man auch schwarze Bohnen nehmen). Man kann das Gericht entweder warm oder kalt servieren, als Teil einer Antipasti-Platte mit getrockneten Tomaten, Oliven und Auberginen, oder als einfache Beilage zu gegrilltem Hähnchen oder Lamm.

90 g frische Basilikumblättchen
45 g Pinienkerne, geröstet
125 ml Olivenöl
45 g Parmesan, fein gerieben
2 Knoblauchzehen, gehäutet und gerieben
½ Zitrone, Saft
Meersalz und frisch gemahlener schwarzer Pfeffer
400 g Borlotti-Bohnen (oder schwarze Bohnen) aus der Dose, gewaschen
400 g weiße Bohnen aus der Dose, gewaschen
300 g grüne Bohnen, geputzt und gedrittelt
2 EL Kürbiskerne

Für das Pesto das Basilikum, die Pinienkerne, das Olivenöl, den Parmesan, den Knoblauch und den Zitronensaft im Mixer zu einer glatten Paste pürieren. Probieren und eventuell noch nachwürzen.

Alle drei Bohnensorten in einen Topf geben und mit dem Pesto bei niedriger Hitze erwärmen, bis die grünen Bohnen durch sind, aber noch etwas Biss haben. Nach Möglichkeit nicht zu lange kochen, da sonst das Pesto unansehnlich braun wird.

Die Kürbiskerne über den Salat streuen und warm servieren.

BLUMENKOHL- „COUSCOUS" MIT MANDELN, ROSINEN UND MINZE

4–6 Portionen

Das hier ist ein wahrhaft raffiniertes Rezept! Wenn man Blumenkohl hobelt oder in den Mixer gibt, dann werden aus den Röschen feine Körner, die entfernt an Couscous erinnern. Man kann sie roh servieren oder auch ein paar Minuten anbraten, was das Beste in ihnen herauslockt. Der Rest ist reine Instinktsache. Dieser Salat ist vor allem von meinem Lieblingscouscous inspiriert. Die Rosinen sind voll mit dem Tannin aus dem Earl-Grey-Tee und die Kräuter und Mandeln verleihen Farbe und eine interessante Konsistenz. Man kann das „Couscous" unter einer Tajine servieren (eventuell zu der Lammstelze-mit-Feigen-Tajine auf Seite 128) oder alleine mit einem Tahini-Joghurt-Dressing und etwas gegrilltem Hähnchen, Fisch oder Lamm. Zufälligerweise ist das Tahini-Joghurt-Dressing auch eine tolle Marinade für Hähnchen oder Lamm. Wenn man die doppelte Menge des Dressings macht, kann man das Fleisch damit vor dem Grillen oder Braten 30 Minuten im Kühlschrank marinieren.

75 g Rosinen
125 ml starker, heißer Earl-Grey-Tee
2 EL Olivenöl
1 großer Blumenkohl, gehobelt oder im Mixer zerkleinert
  (wie Couscous Körner; 1 Kopf ergibt ca. 4 Tassen voll)
1 Prise Meersalz
½ Bio-Zitrone, geriebene Schale und Saft
40 g Mandelblättchen, geröstet und gehackt
1 kleines Bund frische Petersilie, gehackt
1 kleines Bund frische Minze, gehackt

Tahini-Joghurt-Dressing
1 EL Tahini (Sesamsauce)
150 g Joghurt
1 EL Olivenöl
½ Bio-Zitrone, geriebene Schale und Saft

Die Rosinen 10–15 Minuten in dem Earl-Grey-Tee ziehen lassen, bis sie aufgequollen sind.

In der Zwischenzeit eine große Pfanne bei mittlerer Hitze erwärmen und das Olivenöl, den Blumenkohl-Gries und das Salz hineingeben. 5 Minuten anbraten, um den Geschmack von rohem Blumenkohl loszuwerden.

Den Inhalt der Pfanne in eine Schüssel geben und mit der Zitronenschale und dem -saft, den Mandeln, den frischen Kräutern und den eingeweichten Rosinen gut vermischen.

Für das Tahini-Joghurt-Dressing alle Zutaten gründlich vermischen.

Das Blumenkohl-„Couscous" mit dem Tahini-Joghurt-Dressing oder unter einer Tajine servieren.

DAL AUS GELBEN LINSEN

2 Portionen als Hauptgericht
oder 4 Portionen als Beilage

*Ein gutes Linsenrezept ist ein Schatz fürs Leben.
Achtung: Auf den ersten Blick sehen gelbe Schälerbsen
und gelbe Linsen sehr ähnlich aus, aber wenn man
genauer hinsieht, unterscheiden sie sich doch (die Linsen haben eine wellige Oberfläche). Dabei verkochen
die Schälerbsen schneller zu einem Brei, während sich
die gelben Linsen nach dem Kochen gut verrühren
lassen, so dass man eine ausgewogene Mischung
aus hart und weich erzielt. Um einen intensiven
Geschmack zu bekommen, sollte man die Tarka-Sauce
separat zubereiten und erst am Schluss untermischen.
Der Apfelessig ist keine traditionelle Zutat, aber Sie
werden mir zustimmen, dass er Wunder wirkt.*

225 g gelbe Linsen (Chana Dal), 1 Stunde lang
  in 500 ml Wasser eingeweicht
800 ml Wasser
1 TL Kurkuma, gemahlen

Tarka-Sauce
1 Zwiebel, gehäutet
3 Tomaten
2 Knoblauchzehen, gehäutet
2 EL Öl (neutraler Geschmack)
1 EL Kreuzkümmel, gemahlen
1 TL Kurkuma, gemahlen
1 TL Koriander, gemahlen
½ TL Zimt, gemahlen
1 TL Ingwer, gemahlen
1 TL Meersalz
1 EL Apfelessig

Zum Servieren
frischer Koriander und gehackte rote Chili

Die eingeweichten Linsen abgießen und waschen, bis
das Wasser klar ist.

Die Linsen mit dem Wasser und der Kurkuma in einen
schweren Topf oder einen Schmortopf geben. Bei mittlerer Hitze zum Kochen bringen. Eventuellen Schaum an
der Oberfläche mit einem Löffel abschöpfen. Die Hitze
zurückdrehen, so dass das Wasser gerade köchelt, und
zudecken. Etwa 40 Minuten kochen, dabei gelegentlich
kontrollieren, ob noch genügend Wasser im Topf ist.
Wenn die Linsen weich, aber nicht zerkocht sind und
kaum noch Wasser vorhanden ist, den Topf vom Herd
nehmen. (Wenn die Linsen schon weich sind, aber noch
reichlich Wasser im Topf ist, die Flüssigkeit bis auf
100 ml abgießen.) Mit einem Schneebesen aus Linsen
und Flüssigkeit ein grobes Püree schlagen.

Für die Tarka-Sauce die Zwiebel, die Tomaten und den
Knoblauch im Mixer zu einer Paste pürieren.

Das Öl in einer Pfanne erhitzen und 1–2 Minuten alle
Gewürze bis auf das Salz anrösten, bis sie anfangen zu
duften. Dann die Zwiebel-Tomaten-Paste hinzufügen
und bei mittlerer Hitze 2–3 Minuten erhitzen, bis alles
dunkel geworden ist und die Zwiebel ihren rohen
Geschmack verloren hat.

Die Tarka-Sauce mit dem Salz und dem Essig unter die
Linsen rühren und das Ganze erhitzen. Mit Koriander
und gehackten Chili bestreuen und servieren.

AUBERGINEN MIT TOMATEN, EINGEMACHTEN ZWIEBELN, PETERSILIE UND GRANATAPFELSIRUP

4 Portionen

Dieses Gericht katapultiert mich sofort ins Zübeyir Ocakbaşı, ein historisches Restaurant in Istanbul in einer Seitenstraße in der Nähe der Haupteinkaufsstraße Istiklal Caddesi. Man riecht das Restaurant, noch ehe man es sieht, weil die meisten Gerichte im unteren Speisesaal über einem Holzkohlefeuer gegrillt werden. Das hier ist eine etwas raffiniertere Version ihres Auberginensalates. Er erhält durch knackige Walnüsse und süße gekochte Zwiebeln besondere Akzente. Im Laufe der Zeit habe ich herausgefunden, dass Auberginen am besten im Ganzen über einem Gasbrenner weich und gleichzeitig rauchig werden. Dabei wendet man sie gelegentlich, bis die Haut welk und das Innere breiig ist, wie bei einer überreifen Frucht. Ich liebe sie zu gegrilltem Fleisch oder Innereien (in Istanbul aßen wir dazu Spießchen mit Leber, die ganz großartig waren) oder zu meinem Blumenkohl-„Couscous" von Seite 76, als Bestandteil eines Mezze-Büffets oder einer Grillparty für mehrere Leute.

1 rote Zwiebel, gehäutet und halbmondförmig
  aufgeschnitten (so dünn wie möglich)
1 TL Meersalz
2 EL Rotweinessig
2 große Auberginen
2 EL Olivenöl
1 Stück Ingwer (5 cm), geschält und gerieben
1 braune Zwiebel, gehäutet und halbmondförmig
  aufgeschnitten (so dünn wie möglich)
2 EL Granatapfelsirup
2 EL Wasser
Meersalz und frisch gemahlener schwarzer Pfeffer
2 Tomaten, gewürfelt
1 kleine Handvoll frische Petersilie, gehackt
50 g Walnüsse, grob gehackt

<u>Zum Servieren</u>
Laban, Feta, weiche Eier oder gegrilltes Lamm (optional)

Die Hälfte der roten Zwiebelscheiben zusammen mit dem Salz und dem Essig in eine Schüssel geben. 15–30 Minuten ziehen lassen, bis sie durchscheinend werden und der rohe Geschmack nachlässt.

Mit einer Zange oder Ähnlichem eine Aubergine vorsichtig direkt über die Flamme eines Gasbrenners halten. Von jeder Seite 5 Minuten schmoren lassen, bis sie schwarz und gerunzelt ist und das Innere sich weich und breiig anfühlt. In eine Schüssel legen und mit Frischhaltefolie zudecken. Den Vorgang mit der anderen Aubergine wiederholen und diese ebenfalls in die Schüssel geben.

Die Auberginen 10–15 Minuten unter der Frischhaltefolie ruhen und ausdampfen lassen, während der Rest der Sauce zubereitet wird.

Das Olivenöl in einer Pfanne oder einem Wok erhitzen und den Ingwer, die braunen Zwiebelscheiben und den Rest der roten Zwiebelscheiben hinzufügen. Bei mittlerer Hitze 10 Minuten anbraten, bis die Zwiebeln weich geworden sind. Den Granatapfelsirup und das Wasser dazugeben und weitere 5–10 Minuten braten, bis die Zwiebeln weich und nachgiebig sind.

Die Auberginen aus der Schüssel nehmen, die verkohlte Haut entfernen und wegwerfen. Das rauchige, weiche Innere grob hacken und mit den Zwiebeln in der Pfanne vermischen und erwärmen. Mit Salz und Pfeffer abschmecken.

Die warme Mischung mit den Tomaten, den abgetropften, eingelegten Zwiebeln, der Petersilie und den Walnüssen bestreuen und entweder warm oder bei Zimmertemperatur servieren. Dazu nach Geschmack Laban, Feta, weiche Eier oder gegrilltes Lamm reichen.

GEBRATENE ROTE BETE UND KAROTTEN MIT RAS EL-HANOUT, MINZE UND LABAN

2 Portionen (4 Portionen, wenn es mit dem Gericht nebenan kombiniert wird)

Rote Bete hat einen etwas höheren GI als andere Gemüsesorten, aber dieses süße, köstliche Gericht in Kombination mit der Frische von Minze und Laban ist einfach zu lecker – vor allem wenn man dazu die Ras-el-Hanout-Gewürzmischung verwendet (die bis zu 30 verschiedene Gewürze beinhaltet). Der Geruch alleine katapultiert mich in die Souks von Marrakesch. Ich betrachte dieses Rezept als Zierde jeder Mahlzeit, zum Beispiel zu gelben Schälerbsen (siehe rechts) und etwas Hähnchen oder Lamm-Kebab vom Grill.

4 mittelgroße Karotten (450 g), geputzt
1 EL Orangenmarmelade
4 EL Olivenöl
8 kleine gekochte Rote Bete (150 g), abgetropft (aus einem Glas oder vakuumverpackt), geviertelt
2 TL Meersalzflocken
2 EL Ras el-Hanout
20 g Mandelblättchen, geröstet
2 EL Laban oder Ziegen-Feta, zerkrümelt
20 frische Minzeblättchen, in Stücke gerissen

Den Ofen auf 200 °C vorheizen.

3 ½ Karotten stifteln. Die verbleibende ½ Karotte beiseitelegen.

In einem kleinen Topf die Marmelade und das Olivenöl vermischen. Langsam erwärmen und rühren, damit sie sich verbinden.

Die Karotten und die Rote Bete in eine ofenfeste Form verteilen, mit dem Marmeladen-Öl vermengen und mit Salz und Ras el-Hanout bestreuen. Im vorgeheizten Ofen 50 Minuten backen, bis das Gemüse gebräunt und gar ist.

Die restliche ½ Karotte mit einem Gemüseschäler in Streifen hobeln.

Das Ofengemüse mit Mandelblättchen, Laban, Karottenstreifen und Minzeblättchen bestreuen und servieren.

GELBE SCHÄLERBSEN MIT BRAUNER BUTTER UND ORANGE

4 Portionen

Dieses Gericht schmeckt nach Sonnenschein. Wenn man die Hülsenfrüchte mit brauner Butter, die mit Knoblauch und gerösteten Mandeln verfeinert wurde, beträufelt, wird aus einem Berg Schälerbsen etwas Atemberaubendes. Dieses Gericht serviere ich entweder zu der Gebratenen Roten Bete und Karotten (nebenan) und etwas Fleisch vom Grill oder mit einem 5-Minuten-Ei, so dass sich das Orange des Eidotters mit dem Gelb der Erbsen vermischt.

1 EL Olivenöl
1 rote Zwiebel, gehäutet und in dünne Scheiben geschnitten
1 Stück Ingwer (5 cm), geschält
2 rote Chili, 1 halbiert, 1 fein gehackt
½ Orange
200 g gelbe Schälerbsen, gewaschen
400 ml heißes Wasser
2 EL Joghurt und Chiasamen (optional)

Braune Butter
1 TL Olivenöl
2 Knoblauchzehen, gehäutet und in dünne Scheiben geschnitten
2 EL Butter
2 EL Mandeln, in grobe Drittel gehackt

Das Olivenöl bei mittlerer Hitze in einer schweren Bratpfanne oder einem Schmortopf erwärmen. Darin die Zwiebel, den Ingwer, die halbierte Chilischote und die halbe Orange mit der angeschnittenen Seite nach unten 7–10 Minuten anbraten, bis die Zwiebel weich ist und die Orange etwas Farbe bekommen hat. Die Schälerbsen und das heiße Wasser hinzufügen und zum Kochen bringen. Zudecken und 45 Minuten köcheln lassen, bis der Großteil der Flüssigkeit aufgenommen ist und die Erbsen weich, aber nicht völlig zerkocht sind. (Falls nötig, Flüssigkeit abgießen.) Den restlichen Orangensaft in den Topf pressen, dann die Orange sowie das Ingwerstück entfernen und wegwerfen.

Für die braune Butter das Olivenöl, den Knoblauch, die gehackte Chili, die Butter und die Mandeln in einer Pfanne bei mittlere Hitze anbraten, bis die Butter eine nussbraune Farbe angenommen hat.

Die Schälerbsen mit einem Klecks Joghurt und der braunen Butter servieren. Nach Geschmack mit etwas Chiasamen bestreuen.

SCHWARZE BOHNEN MIT CHORIZO-WURST, SÜSSKARTOFFELN UND KOKOS

2 Portionen

Von all den Hülsenfrüchten, die sich in Dosen irgendwo ganz hinten in ihrem Vorratsschrank verstecken, mag ich die schwarzen Bohnen vielleicht am liebsten. Um diesen kompakten Salat etwas aufzulockern, nehme ich rote Zwiebeln in zwei verschiedenen Konsistenzen – zart angebraten und roh in dünnen Scheiben – mit dazu. Dazu etwas Chorizo-Wurst, um das Ganze reichhaltiger zu machen (wenn Sie allerdings auf Schwein und Fett verzichten wollen, schmeckt es genauso gut mit etwas Paprikapulver). Außerdem braucht man noch ein paar frische Kräuter und Joghurt, um das Ganze zusammenzuhalten. Kochend heiß schmeckt es köstlich, ist aber bei Zimmertemperatur genauso gut. Außerdem hier noch ein paar Pluspunkte: Man kann es wunderbar mit einer Gabel aus einem Topf essen, man kann es mit Hähnchen, Garnelen oder Tintenfisch eiweißreicher machen und am Schluss hat man nur einen Topf abzuspülen. Wie bei allen warmen Salaten sind Mengen und Geschmackskombinationen variabel. Wenn Sie keine Süßkartoffel haben, nehmen Sie eben einen Kürbis. Und falls Sie Koriander nicht ausstehen können, ersetzen Sie ihn durch Minze. Und an Stelle von Kokosraspeln schmecken Mandelblättchen genauso lecker.

1 große Süßkartoffel, geschält und gewürfelt
2 EL Olivenöl
Meersalz und frisch gemahlener schwarzer Pfeffer
50 g Chorizo-Wurst, in dünne Scheiben geschnitten und
  dann halbiert (für Vegetarier: die Süßkartoffel mit
    1 TL gemahlenem Kreuzkümmel und 1 TL Paprikapulver
    bestäuben)
1 Handvoll Kokosraspel
1 rote Zwiebel, gehäutet und geachtelt
400 g schwarze Bohnen aus der Dose, gewaschen
1 Handvoll frischer Koriander (oder nach Geschmack Minze)
1 rote Chili, in feine Scheiben geschnitten
Joghurt zum Servieren (optional)

Den Ofen auf 180 °C vorheizen.

Die Süßkartoffelstücke in einer Auflaufform verteilen, mit dem Olivenöl beträufeln und salzen. Im vorgeheizten Ofen 20 Minuten backen, bis sie an den Rändern leicht gebräunt sind.

Nach 20 Minuten die Chorizo-Wurst, die Kokosraspel und den Großteil der Zwiebelstücke (ein Achtel aufbewahren) hinzufügen. Weitere 20 Minuten backen.

Wenn die Süßkartoffel gar ist und die Zwiebeln vom Öl aus der Chorizo-Wurst leicht rötlich verfärbt sind, die Auflaufform aus dem Ofen nehmen und die schwarzen Bohnen untermischen. Die Hitze der Auflaufform und der anderen Zutaten wird die Bohnen erwärmen.

Das restliche Zwiebelstück in möglichst dünne Scheiben schneiden. Auf dem Gemüse in der Auflaufform die Zwiebelscheiben, den Koriander und die Chilischeiben verteilen.

Vor dem Servieren mit Salz und Pfeffer würzen und etwas Joghurt darauf verteilen.

CÄSAR-GRÜNKOHL

4–6 Portionen

Dieser Salat hat mehr zu bieten als das Wortspiel in seinem Namen (auch wenn es wirklich witzig ist). Es nimmt sich den beliebten 90er-Jahre-Salat zum Vorbild und aktualisiert ihn mit knackigen Kichererbsen statt der Croûtons und feinen Streifen rohen Grünkohls statt des Römersalats. Wenn es etwas reichhaltiger sein soll, kann man ein weiches Ei oder etwas gegrillte Hühnerbrust hinzufügen (nachdem alles andere bereits variiert ist, müssen wir jetzt nicht diskutieren, was Hühnerbrust in diesem Salat zu suchen hat). Falls Sie keine rohen Eier essen dürfen (Schwangerschaft, Immunschwäche, etc.) können Sie jederzeit Kapern, Anchovis und Zitronenschalen in eine fertig gekaufte Mayonnaise quirlen und mit etwas Zitronensaft verdünnen, bis das Ganze die richtige Konsistenz hat.

3 Speckstreifen, in dünne Streifen geschnitten
400 g Kichererbsen aus der Dose, gewaschen
1 EL Olivenöl
400 g Grünkohlblätter, die harten Strünke entfernt,
   die Blätter in 5 mm breite Streifen geschnitten
40 g Parmesan, gehobelt

Dressing
1 Eigelb
2 TL Dijon-Senf
1 Knoblauchzehe, gehäutet
2 TL Kapern, abgetropft
2 Anchovis-Filets in Öl eingelegt, abgetropft
175 ml Sonnenblumenöl
1 Bio-Zitrone, geriebene Schale und Saft
Meersalz und frisch gemahlener schwarzer Pfeffer

Zum Servieren
2 hart gekochte Eier oder gegrilltes Hähnchen (optional)

Den Ofen auf 220 °C vorheizen.

Den Speck und die Kichererbsen auf ein Backblech verteilen und mit dem Olivenöl beträufeln. Im vorgeheizten Ofen 20 Minuten backen, bis der Speck sehr knusprig ist und die Kichererbsen eine mürbe Kruste gebildet haben.

Für das Dressing das Eigelb, den Senf, den Knoblauch, die Kapern und die Anchovis im Mixer pürieren, bis eine glatte Paste entstanden ist. Ganz langsam, Tropfen für Tropfen, das Öl hineinträufeln, damit eine Emulsion entsteht. Dann den Zitronensaft hineinträufeln und für ein paar Sekunden schlagen. Mit Salz und Pfeffer abschmecken.

Die Kohlstreifen mit den gerieben Zitronenschalen und dem Dressing vermischen. Mit knusprigem Speck und Kichererbsen sowie den Parmesanspänen bestreuen.

Für etwas mehr Eiweiß hart gekochte Eier darüber zerbröckeln oder gegrillte Hühnerbruststreifen verteilen. Etwas durchmischen.

INDONESISCHER GADO-GADO-SALAT MIT PIKANTER ERDNUSSSAUSE

2 Portionen

Ich muss ganz ehrlich sagen, dass diese Version eines klassischen vegetarischen indonesischen Salates mit Saté-Sauce dem wesentlich näher kommt, was ich als dreizehnjähriges Mädchen, das in Sydney Bahasa lernte, zubereitete, als das, was man in den Küchen von Jakarta findet. Aber im Prinzip geht es darum, Grünzeug aufzupeppen, wenn man kein fettiges Pfannengericht mehr sehen kann. Sie können alle möglichen Gemüsesorten dafür verwenden: Karotten- und Zucchinistifte würden sehr gut passen. Traditionellerweise werden dafür exotische Wurzeln und Gewürze verwendet. Außerdem spielen meistens gekochte Eier eine Rolle. An Mittwochabenden liebe ich dieses schnelle Essen. Das weiche Eigelb vermischt sich dabei golden mit dem Salatdressing. Es lässt sich alleine oder als Beilage zu gegrilltem Hähnchen oder Fisch servieren.

100 g Zuckererbsen, gedrittelt
100 g Brokkoli, in mundgerechte Stücke zerteilt
1 rote Paprika, entsamt und gestiftet
¼ Weißkohlkopf, fein geschnitten
50 g Bohnensprossen
2 Eier, 5 Minuten gekocht, dann kalt abgeschreckt
  und geschält

Pikante Erdnusssauce
3 EL Erdnussbutter
2 EL Cashewkerne
1 Bio-Limette, geriebene Schale und Saft
1 Stück Ingwer (2 cm), geschält und gerieben
1 Knoblauchzehe, gehäutet und gerieben
1 kleine rote Chili, entsamt und gehackt
3 EL Wasser
1 ½ TL leichte Soja-Sauce
1 Prise Zucker

Die Zuckererbsen und die Brokkoliröschen dünsten, bis sie weich sind, aber noch Biss haben. Das gedünstete Gemüse mit dem rohen Gemüse (Paprika, Weißkohl und Sprossen) auf 2 Tellern arrangieren.

Für die pikante Erdnusssauce alle Zutaten in einem Mixer zu einer Paste pürieren.

Auf jeden Salatteller einen Klecks Sauce und ein gekochtes Ei geben. Das Eigelb darf sich beim Essen mit dem Salat vermischen.

BORLOTTI-BOHNEN MIT GEBACKENER BIRNE, WALNÜSSEN UND BLAUSCHIMMELKÄSE

2 Portionen

Für mich sind Borlotti-Bohnen die starken, stillen Mitglieder der Bohnen-Familie. Bräunlich und nur leicht nussig, müssen sie sich mit intensiveren Geschmacksträgern zusammentun, um ihre wahre Größe zu entfalten. Dieses einfache Gericht vereinigt die Aromen, die man auf einem guten Käseteller finden würde, und mixt sie zusammen. Rote Zwiebeln und Birnen liefern eine direkte Süße. Dazu kommen geröstete Mandeln. Außerdem schmeckt man kleine Bröckchen vom Blauschimmelkäse. Ich liebe den Saint Agur, einen nicht allzu dominanten Blauschimmelkäse aus der französischen Auvergne, man kann aber jederzeit auch mit anderen Sorten experimentieren. Dieses Gericht passt als warmer Salat wunderbar zu gebratenen Hähnchenschenkeln, oder wenn es einen besonderen Anlass gibt, in zwei- oder dreifacher Menge zu einem gebratenen Truthahn.

2 EL Olivenöl
400 g Borlotti-Bohnen aus der Dose, gewaschen
1 rote Zwiebel, gehäutet und geachtelt
1 Handvoll Walnüsse, grob gehackt
2 mittelgroße Birnen, Kernhaus entfernt und geachtelt
2 Handvoll Salat (z.B. Rucola, Babyspinat oder Brunnenkresse)
40 g Blauschimmelkäse (z.B. Saint Agur)
½ Zitrone, Saft

Den Ofen auf 160 °C vorheizen.

Die Hälfte des Olivenöls in eine Auflaufform träufeln und die Borlotti-Bohnen darauf verteilen.

Darauf die Zwiebel, die Walnüsse und drei Viertel der Birnen geben. Mit dem restlichen Olivenöl beträufeln.

Im vorgeheizten Ofen 1 Stunde backen, bis die Zwiebeln durch, die Walnüsse geröstet und die Birnen weich sind.

Alle warmen Zutaten mit den Salatblättern vermengen. Das restliche Birnenstück mit einem Gemüseschäler in feine Streifen hobeln und darüberstreuen. Den Blauschimmelkäse darüberkrümeln und direkt vor dem Servieren mit etwas Zitronensaft beträufeln.

Hier kommen sommerliche Rezepte für lange Tage und träge Nächte. Diese Art von Abendessen bereitet man gerne zu, weil man weiß, dass man am nächsten Tag in Badekleidung oder kurzen Hosen unterwegs sein wird. Die folgenden Rezepte sind ein Fest für mich, selbst wenn ich in der Küche stehen muss. Sobald ich mich mit einem Teller voll Thailändischem Papayasalat, Piri-Piri-Hähnchen oder Marokkanischem Lamm an den Tisch setze, bin ich ganz weit weg. Und an den Abenden, wenn ich zusammen mit „dem Hungrigen" am Grill stehe und die Produktion von *Chilischoten mit Feta, schwarzen Bohnen und Kürbiskernen gefüllt* oder *Tandoori-Lachs mit Linsen und Raita-Sauce* überwache, gibt es nichts Schöneres, als daheim zu sein.

LEICHTE, SOMMERLICHE FESTESSEN

SEEBRASSE IM ZUCCHINIMANTEL

2 Portionen

Wer von Ihnen ein Stück Land besitzt, kennt das Problem: Wohin mit der Zucchini-Schwemme am Ende des Sommers? Vielleicht haben Sie sie ja früher in Kuchen oder Broten verschwinden lassen. Natürlich kann man sie auch im großen Stil anbraten oder einmachen. Aber darf ich Ihnen einmal etwas anderes vorschlagen? Um ein Fischfilet ohne Haut in überlappende Streifen von Weiß und Grün einzuwickeln, muss man nur ein paar Minuten mit dem Gemüsehobel arbeiten, aber die optische Wirkung wird einen bleibenden Eindruck hinterlassen. Außerdem schützen die Gemüsestreifen das zarte Filet vor der Hitze von Pfanne oder Grill. Der Zucchinimantel darf ruhig etwas knusprig werden, um einen Kontrast zu bilden, zu dem weichen „Nudelsalat" aus den restlichen Zucchinistreifen, angemacht mit einer peppigen Salsa verde. Überhaupt sind Zucchinistreifen in vielen Gerichten ein hervorragender Nudelersatz – zum Beispiel in Hühner- oder Miso-Suppe oder mit Pesto als leichte Pasta-Version.

2–3 mittelgroße Zucchini
2 Filets von der Seebrasse (ohne Haut) oder
  einem anderen weißen Fisch (je 100 g)
1 Zitrone, halbiert
1 EL Olivenöl
1 Handvoll Mandelblättchen, geröstet

Salsa verde
1 kleine Handvoll frische Estragonblättchen
1 große Handvoll frische Petersilienblättchen
60 ml Olivenöl
½ Knoblauchzehe, gehäutet und gerieben
2 Anchovis-Filets in Öl eingelegt, abgetropft
1 TL Kapern, abgetropft
½ Zitrone, Saft
Meersalz

Mit einem Gemüseschäler oder -hobel die Zucchini der Länge nach in Streifen hobeln.

Die Fischfilets mit Küchenpapier trocken tupfen. 12 Zucchinistreifen überlappend auf einem Stück Backpapier auslegen. Das Fischfilet quer darauflegen und mit Hilfe des Papiers das Filet in die Zucchinistreifen einwickeln. Den Fisch mit der Nahtstelle nach unten platzieren. Den Vorgang mit dem zweiten Filet und weiterer 12 Streifen wiederholen. Beide Filets in den Kühlschrank stellen, bis sie weiterverarbeitet werden.

Für die Salsa verde alle Zutaten bis auf das Salz im Mixer pürieren. Mit Salz abschmecken und nochmals mixen, bis eine aufregende Mischung entstanden ist.

Die restlichen Zucchinistreifen mit der Salsa verde vermischen und auf 2 Teller verteilen.

Für den Fisch eine große Bratpfanne bei mittlerer Hitze erwärmen. Die Pfanne ist heiß genug, wenn die Zitronenhälften, mit der angeschnittenen Seite hineingedrückt, zischen. Das Olivenöl in die heiße Pfanne träufeln, dann die Filets mit der Nahtseite nach unten in die Pfanne legen. 3–5 Minuten anbraten, bis die Zucchini gebräunt sind. Vorsichtig wenden, dabei die Umhüllung möglichst nicht beschädigen, und auf der anderen Seite weitere 2 Minuten braten, bis der Fisch durch ist.

Den Fisch mit den angebratenen Zitronenhälften und den Mandelblättchen servieren, dazu die Zucchinistreifen mit der Salsa verde reichen. Falls eine weitere Beilage gewünscht ist, passen gedünstete grüne Bohnen, das Weiße Bohnen-Püree (Seite 67), das Fenchel-Püree (Seite 66) oder das Blumenkohl-Püree (Seite 66) wunderbar dazu.

VITELLO TONNATO MIT SALAT AUS GRÜNEN BOHNEN UND TOMATEN

6 Portionen

Dieses Rezept bietet Eiweiß im Quadrat. Übersetzt bedeutet es Scheiben mageren Kalbfleisches mit Thunfisch-Sauce. Ehe Sie ungläubig weiterblättern, warten Sie noch einen Moment. Das ist tatsächlich eine klassische piemontesische Spezialität, die oft als Bestandteil eines Antipasti-Tellers serviert wird. Hier wird es umgedeutet als Hauptgericht, auch gut geeignet für mehrere Gäste. Dazu muss man einfach das Kalbfleisch scharf anbraten. Anschließend kann man es in den Ofen schieben oder auf den Grillrost legen und in der Zwischenzeit die Sauce und den Salat zubereiten. Die Kombination ist wirklich köstlich: Das weiche Fleisch wird durch die salzige Säure der Thunfisch-Sauce neu belebt.

1,8 kg Kalbfleisch aus der Nuss (ein Stück aus dem Bein ohne Knochen), Zimmertemperatur
2 TL Meersalz
1 TL frisch gemahlener schwarzer Pfeffer
2 EL Olivenöl

Thunfisch-Sauce
2 Eigelb
1 TL Dijon-Senf
150 ml Öl (neutraler Geschmack)
1 EL Kapern, abgetropft
2 Anchovis-Filets in Öl eingelegt, abgetropft
185 g Thunfisch in Olivenöl aus der Dose
½ Zitrone, Saft

Salat
300 g grüne Bohnen
4 Tomaten, aufgeschnitten
1 rote Zwiebel, gehäutet, in Scheiben geschnitten
1 kleines Bund frisches Basilikum, Blätter abgezupft
2 EL Olivenöl
1 TL Rotweinessig

Zum Servieren
2 EL Kapern, trockengetupft und in 2 EL Olivenöl angebraten, bis sie sich wie eine Knospe öffnen

Den Ofen oder einen Grill mit Deckel auf 160 °C vorheizen.

Das Kalbfleisch salzen und pfeffern. Das Öl in einer flachen Grillpfanne oder einer Bratpfanne bei mittlerer Hitze erwärmen und das Fleisch darin von jeder Seite 2 Minuten anbraten, bis sich eine braune Kruste bildet.

Das Fleisch in eine Auflaufform legen und im vorgeheizten Ofen oder Grill (bei geschlossenem Deckel) 1 Stunde 15 Minuten braten (die Fleischtemperatur sollte dabei 55–60 °C haben). Anschließend das Fleisch warm abgedeckt 20–30 Minuten ruhen lassen, bevor es aufgeschnitten wird. Währenddessen gart das Fleisch noch weiter. An den Enden ist es dann durch, in der Mitte hingegen noch rosa.

Für die Thunfisch-Sauce die Eigelbe und den Senf in einem Mixer verrühren. Anschließend bei laufendem Gerät nach und nach das Öl hineinträufeln, bis eine Mayonnaise entsteht. Sobald die Mayonnaise fertig ist, die Kapern, die Anchovis, den Thunfisch samt Öl und den Zitronensaft hinzugeben und alles zusammen pürieren.

Für den Salat alle Zutaten vermischen.

Das Fleisch in 1 cm dicke Scheiben schneiden und mit der Thunfisch-Sauce übergießen. Mit den frittierten Kapern und dem Salat servieren. Dieses Gericht kann warm oder bei Zimmertemperatur serviert werden. Geeignet für Familienfeste.

Tipp: *Wenn das Fleisch innen rosa sein soll, vor dem Aufschneiden möglichst lange ruhen lassen, um zu verhindern, dass zu viel Flüssigkeit austritt. Am besten nicht auf der Servierplatte, sondern auf einem separaten Brett aufschneiden.*

THAILÄNDISCHER GRÜNER PAPAYASALAT MIT FORELLE

4 Portionen

Der Anblick eines grünen Papayasalates erinnert mich an zwei verschiedene Erlebnisse. Bei dem einen trage ich schwarze Wickelhosen, die ich seinerzeit für eine tolle Idee hielt. Ich habe einen Sonnenbrand auf den Schultern und blicke auf das türkisfarbene Wasser von Kata Noi Beach. In der zweiten Erinnerung bin ich seit 283 Tagen schwanger, extrem aufgedunsen und trage dieselben Hosen (dieses Mal der Bequemlichkeit geschuldet und nicht einer fehlgeleiteten Vorstellung von Eleganz). Jedenfalls gibt es keinen Grund, das Kribbeln der Enzyme grüner Papaya nur auf Phuket oder das Ende einer Schwangerschaft zu reduzieren (angeblich sind grüne Papaya wehenfördernd). Das Tolle an diesen Streifen unreifer Frucht, vermischt mit Thai-Basilikum, Chili und Eiweiß nach Wahl (ich liebe Forelle dazu, aber Garnelen, Hähnchen oder Ente schmecken auch fantastisch) ist die Tatsache, wie leicht man sich danach fühlt. Was bedeutet, dass es für mich – außer der Bequemlichkeit – eigentlich keinen Grund mehr gibt, mich in weite Hosen zu verhüllen, oder?

1 kg grüne Papaya (oder grüne Mango)
400 g Forelle, gedünstet (oder gekochte, geschälte Garnelen,
 gekochte Hähnchenstreifen oder gekochte Entenstreifen)
70 g geröstete Erdnüsse, grob gehackt
6 Frühlingszwiebeln, das Grün fein gehackt
400 g Kirschtomaten, halbiert
1 Handvoll frische Thai-Basilikum, grob zerrissen

Dressing
1 große rote Chili, fein gehackt
2 Knoblauchzehen, gehäutet und gerieben
1 ½ TL Palmzucker, geraffelt
4 EL Limettensaft
4 EL Fischsauce
1 EL Sesamöl
3 TL Reisessig

Für das Dressing alle Zutaten vermischen und rühren, bis sich der Zucker aufgelöst hat.

Die Papaya sorgfältig schälen, halbieren und die Kerne entfernen. Mit einem Gemüsehobel raffeln oder in Stücke geschnitten in der Küchenmaschine zerkleinern. Falls eine Mango zubereitet wird, entsteinen.

Die Salatzutaten vermengen und das Dressing untermischen. Einige Erdnüsse zum Dekorieren aufsparen.

HÄHNCHEN „SAN CHOI BOW"

4 Portionen

Für mich ist San Choi Bow der Anfang einer Mahlzeit, die auf einer Drehplatte auf dem Tisch serviert wird, die viel Reis beinhaltet und mit Eiscreme endet. Aber natürlich gibt es auch viele andere Möglichkeiten, den Zauber eines Abends beim Chinesen heraufzubeschwören, ohne auf dem Esstisch daheim eine Drehplatte aufzustellen – oder in ein Loch aus weißen Kohlenhydraten zu fallen. Als Erstes sollten Sie auf gebratene Nudeln, Reis und Wasserkastanien verzichten. Stattdessen sollten Sie Yambohnen versuchen. Diese zwiebelartigen Knollen findet man häufig in Asia-Läden. Sie ähneln von der Konsistenz her den Wasserkastanien, beinhalten aber weniger Stärke. Außerdem können Sie Ihre Salatschälchen mit Karottenstiften, Minze und knackigen Erdnüssen füllen. Und falls Sie sich immer noch nach etwas Weißem sehnen, das sich auf dem Tisch dreht, können Sie sich ja immer noch eine Drehplatte bei IKEA kaufen.

1 großer Eisbergsalat
2 TL pflanzliches Öl
5 Frühlingszwiebeln, in dünne Scheiben geschnitten
2 EL frische Korianderstiele, gehackt
1 Stück Ingwer (5 cm), geschält und gerieben
700 g Hähnchen-Hackfleisch (oder Hackfleisch von Truthahn oder Schwein)
2 EL leichte Sojasauce
3 EL Hoisinsauce
1 EL Chiliöl
1 TL Sesamöl
½ Yambohne (etwa 250 g), geschält und in Scheiben geschnitten
1 Karotte, geputzt und in Scheiben geschnitten
2 EL geröstete Erdnüsse, grob gehackt
2 EL frische Korianderblättchen, gehackt

Den Boden des Eisbergsalates abschneiden und den Salat in Wasser tauchen, um die einzelnen Blätter zu trennen. Mit der Schere zurechtschneiden, so dass offene Schälchen entstehen. In eine Schale mit Eiswasser legen, damit sie knackig bleiben.

In einem Wok das Öl bei starker Hitze erwärmen. Darin die Frühlingszwiebeln, die Korianderstiele und den Ingwer 1 Minute lang anbraten, damit sie weich werden. Das Hackfleisch hinzufügen und weitere 4–6 Minuten anbraten, bis alles leicht gebräunt ist. Die Sojasauce, die Hoisinsauce, das Chiliöl und das Sesamöl hinzufügen.

Die angebratenen Gemüse und Kräuter mit den Yambohnen- und Karottenstücken vermengen. In den Salatschälchen mit Erdnüssen und Korianderblättchen bestreut servieren. Servietten verteilen, um mögliche Tröpfchen aufzufangen.

PAPRIKASCHOTEN, GEFÜLLT MIT CHIASAMEN, HUMMUS UND PINIENKERNEN

2 Portionen

Gefüllte Paprika sind oft nicht besonders reizvoll. Jeder Vegetarier hat bestimmt schon mit einigen unsäglichen Varianten Bekanntschaft gemacht, die eher an Mini-Planschbecken als an ein Abendessen erinnerten. Der Schlüssel zum Erfolg liegt darin, eine Füllung zu finden, die nicht ausläuft und den Teller überschwemmt. Daher sind Chiasamen sehr günstig, da sie die Fähigkeit haben, sehr viel Flüssigkeit aufzunehmen. Daraus entsteht dann ein Gericht, das sich wunderbar für ein sommerliches Büfett eignet. Man kann es mit einem knackigen grünen Salat kombinieren und etwas eingemachtem Gemüse, wenn man nur zu zweit ist. Ansonsten passen Auberginen mit Tomaten, eingemachten Zwiebeln, Petersilie und Granatapfelsirup (Seite 79) oder Zucchini-Puffer mit Quinoa und Joghurt (Seite 40) und Spießchen mit frischen und gebratenen Tomaten, Minze und Halloumi (Seite 40), wenn mehrere Gäste bewirtet werden.

200 g Hummus
40 g Chiasamen
1 EL Zitronensaft
1 TL Kreuzkümmel, gemahlen
½ TL Chilipulver
1 rote Paprika, halbiert und entsamt
2 EL Pinienkerne
2 EL Olivenöl

Zum Servieren
Bitterspinat und Chilisauce

Den Ofen auf 180 °C vorheizen.

In einer kleinen Schüssel das Hummus, die Chiasamen, den Zitronensaft und die Gewürze vermengen.

Die Mischung auf die beiden Paprikahälften verteilen. Mit Pinienkernen bestreuen und mit Olivenöl beträufeln.

Die Paprikahälften auf ein Backblech legen und im vorgeheizten Ofen 40 Minuten backen, bis sie runzlig werden und die Pinienkerne leicht gebräunt sind.

Die gefüllten Paprika auf einem Bett aus Bitterspinat mit etwas Chilisauce servieren.

SALAT MIT SAUBOHNEN, FENCHEL, MINZE, ZITRONE UND PARMESAN

2 Portionen

Das ist ein Gericht für Sommertage, an denen die Wölkchen gemächlich über den Himmel treiben und es so warm ist, dass man die Hosenbeine hochkrempelt. Es ist ein schneller Salat, der trotzdem raffiniert aussieht. Hier sind seine Pluspunkte: Seine Zubereitung dauert nicht länger als ein Ei zu kochen. Er schmeckt lecker mit einem weichen Eigelb darüber verteilt, funktioniert als Hauptgericht oder als Beilage zu gegrillten Hähnchen, Garnelen und rosa oder weißem Fisch.

Der Salat überzeugt durch seine sommerlichen Geschmacksrichtungen: die milde Anisnote des Fenchels in Kombination mit dem Olivenöl, die Süße der Saubohnen (Eingefrorene Bohnen genügen völlig. Wir haben alle Besseres zu tun, als Bohnen zu enthülsen.), das herzhafte Aroma des Parmesans und die Frische von Minze und Zitrone.

Wenn Sie keinen Küchenhobel haben, empfehle ich einen Gemüseschäler, um den Fenchel in dünne Scheiben zu hobeln. Zu dick wäre in diesem Fall nicht gut. Wenn Sie gerne den Mund voll Anisgeschmack haben, dann sollten Sie lieber zum Nachtisch etwas Lakritze verspeisen.

1 Fenchelknolle, mit dem Gemüsehobel in dünne Scheiben geschnitten, die feinen grünen Spitzen aufheben
200 g Saubohnen, frisch oder eingefroren (oft in Asia-Märkten zu finden)
½ Bio-Zitrone, geriebene Schale und Saft
1 Handvoll frische Minzeblättchen, fein gehackt
30 g Parmesan, gehobelt
Meersalz und frisch gemahlener schwarzer Pfeffer
3 EL Olivenöl

Den Boden der Fenchelknolle abschneiden. Mit einem Gemüsehobel in möglichst feine Scheiben schneiden.

Die gefrorenen Saubohnen zum Auftauen leicht dünsten.

Die Fenchelscheiben, das Fenchelgrün und die Bohnen mit der Zitronenschale, der Minze und dem Parmesan vermengen. Mit Salz und Pfeffer würzen.

Das Olivenöl und den Zitronensaft zu einem Dressing verrühren und über den Salat träufeln.

WALDORF-SALAT-VARIATION

2 Portionen

Die Originalversion dieses Salates wurde vor mehr als hundert Jahren im Waldorf Hotel erfunden. Sellerie, Mayonnaise, Apfel und Walnüsse sind die Hauptbestandteile. Heutzutage sind Sellerie und Walnüsse ebenso wie Prunk und Putz nicht mehr so gefragt. Stattdessen ersetze ich sie durch frische Fenchelstücke und knackige Mandeln. Als Dressing verwende ich einen großzügigen Schuss Basilikum-Aioli, wobei Basilikumblättchen mit Joghurt püriert zur Not auch funktionieren würden. Das einzig Feine an diesem Salat sind einige Minzestreifen. Dazu rollt man die Blättchen wie Zigarren auf und schneidet sie der Länge nach ein, so dass sie sich wie Papierschlangen entrollen. Zu diesem Gericht passen am besten ein kühles Glas Wein und ein Morgenmantel. Und zwar nicht in einem Fünf-Sterne-Hotel, sondern daheim auf dem Balkon.

3 gekochte Hähnchenschenkel, kalt oder warm, in mundgerechte Stücke geschnitten
1 Fenchelknolle, in kleine Stücke geschnitten
1 kleiner Apfel (Granny Smith), entkernt und in kleine Stücke geschnitten
2 EL Basilikum-Aioli (2 TL hochwertiges, fertiges Pesto, mit 2 EL hochwertiger Mayonnaise vermischt)
½ Avocado, entkernt und gewürfelt
3 TL Mandelblättchen, geröstet
12 frische Minzeblättchen
Meersalz und frisch gemahlener schwarzer Pfeffer

Die Hähnchenstücke, den Fenchel und die Apfelstücke mit dem Basilikum-Aioli vermengen.

Vorsichtig die Avocado untermischen und mit den Mandelblättchen bestreuen.

Die Minzeblättchen aufeinander stapeln und der Breite nach wie eine Zigarre aufrollen. Dann der Länge nach in schmale Streifen schneiden, um kleine Schleifen zu bekommen.

Den Salat mit der Minze garnieren und mit Salz und Pfeffer würzen.

<u>Tipp:</u> *Die Avocado erst direkt vor dem Servieren hinzufügen. Es sollen jadegrüne Spalten und kein brauner Matsch sein.*

THUNFISCHFRIKADELLEN „NIZZA"

4 Portionen (8–10 Frikadellen;
Reste lassen sich gut einfrieren)

Ich hatte Fischfrikadellen immer als bleischwere Klopse in Erinnerung, in die man Reste von Fisch und Kartoffelbrei manschte und dazu etwas Salat aß. Meine Variante ist nicht nur leichter, sondern auch flotter. Die Kartoffeln werden durch weiße Bohnen ersetzt, die nicht nur zusätzliches Eiweiß, sondern auch einen nussigen Geschmack bieten. Die anderen Zutaten orientieren sich an den provenzalischen Genüssen eines Salade niçoise. Anchovis, Kapern, Oliven und Zitronen haben dabei ihren Auftritt. Zu diesen Frikadellen serviere ich gerne einen Salat aus grünen Bohnen, Oliven und richtig reifen Tomaten mit etwas Olivenöl. Wenn Sie jetzt gerne in Nizza wären und nicht einmal ein gestreiftes Shirt zur Hand haben, in dem Sie dieses mediterrane Abendessen verzehren könnten, dann dekorieren Sie den Salat wenigstens mit einem weichgekochten Ei und lassen den Dotter zerrinnen.

2 x 400 g weiße Bohnen aus der Dose, gewaschen
2 Anchovis-Filets in Öl eingelegt, abgetropft
1 Bio-Zitrone, geriebene Schale und Saft
2 x 185 g Thunfisch aus der Dose, abgetropft und zerteilt
1 Ei, leicht geschlagen
1 EL Kapern, abgetropft und fein gehackt
10 schwarze Oliven, entkernt und fein gehackt
1 TL frisch gemahlener schwarzer Pfeffer
3 EL Kichererbsenmehl

Zum Bestäuben und Braten
115 g Kichererbsenmehl
Sonnenblumen- oder Olivenöl

Zum Servieren
Salat aus gedünsteten grünen Bohnen, Oliven, gehackten
   Kirschtomaten und frischen Basilikumblättchen;
   Zitronenspalten

Die weißen Bohnen, die Anchovis, die Zitronenschale und den -saft mit einem Stabmixer oder einer Küchenmaschine pürieren, bis eine glatte Paste entsteht.

Den Thunfisch, das geschlagene Ei, die Kapern, die Oliven, den Pfeffer und das Kichererbsenmehl hinzufügen und zu einem Teig vermengen. Abgedeckt 1 Stunde kalt stellen, dann behalten die Frikadellen leichter ihre Form.

Nach 1 Stunde den Ofen auf 150 °C vorheizen.

Die 115 g Kichererbsenmehl auf einen Teller geben. 3 EL des Thunfischteiges abstechen und mit der Hand zu einer Frikadelle formen (etwa 8 mm Durchmesser und 2 cm Höhe). Im Mehl wenden, bis sie von allen Seiten davon bedeckt ist. Den Vorgang mit dem restlichen Teig wiederholen.

Das Öl in eine tiefe Bratpfanne gießen, so dass sie 1–2 mm damit bedeckt ist. Bei mittlerer Hitze erwärmen, bis das Öl simmert, dann je 3 Frikadellen von jeder Seite 1–2 Minuten anbraten, bis sie knusprig und golden sind. Die Frikadellen im Ofen warmhalten, während die restlichen Frikadellen gebraten werden.

Warm servieren, dazu einen Salat aus grünen Bohnen, Oliven, Kirschtomaten und Basilikumblättchen sowie Zitronenspalten reichen.

CHILISCHOTEN MIT FETA, SCHWARZEN BOHNEN UND KÜRBISKERNEN GEFÜLLT

2 Portionen

Mein Stiefbruder inspirierte mich zu diesem Rezept. Er ist selbst ein großartiger Koch und überraschte uns bei einem Familien-Grillabend mit einer Platte voller gegrillter, gefüllter Chilischoten. Das Experiment hatte funktioniert. Dieses Gericht hier verbindet seine Idee mit einer leichteren Version des Tex-Mex-Klassikers „Chiles rellenos". Dabei verzichte ich auf die Kruste und ersetze die häufig sehr fette Fleischfüllung durch schwarze Bohnen. Das Ergebnis ist ein wunderbar leichtes Mittagessen, das man mit etwas Guacamole und je nach Stimmung mit ein, zwei Margeritas genießen kann.

2–3 Banana Peppers (milde grüne Peperoni), der Länge nach aufgeschnitten, ohne Samen und innere Trennwände
400 g schwarze Bohnen aus der Dose, gewaschen und mit einem Kartoffelstampfer zerdrückt (darf grob sein)
100 g Feta, zerkrümelt
3 EL Kürbiskerne
1 Handvoll frische Korianderblättchen, gehackt

Zum Servieren
1 Limette, Tabasco und Guacamole (Seite 26)

Den Grill auf mittlerer Stufe vorheizen. Ansonsten eine Grillpfanne auf dem Herd verwenden.

Die Schoten mit den zerdrückten schwarzen Bohnen und anschließend mit dem Feta füllen.

Die gefüllten Chili auf den Grill oder in die Pfanne legen und von jeder Seite 4 Minuten grillen, bis die Haut Blasen wirft und die Füllung warm ist (vorsichtig bewegen, damit die Füllung nicht herausfällt).

Die Schoten mit Kürbiskernen und Korianderblättchen bestreuen. Mit Limettenscheiben, Tabasco und Guacamole servieren.

SALAT MIT GARNELEN, AVOCADO UND EDAMAME

2 Portionen

Für mich hat das Herauslösen der Sojabohnen aus ihren Hülsen etwas Meditatives. Falls Sie mal über etwas nachgrübeln und sich darauf besonders konzentrieren wollen, kaufen Sie sich eine Tüte Sojabohnen und drücken sie einzeln heraus. Ansonsten führen viele Asia-Läden tiefgefrorene Edamame-Bohnen, die wie Erbsen bereits enthülst sind. In diesem Salat kombiniere ich sie mit Avocado, Gurke, grünem Salat, Limette und Sesam. Also eigentlich ein zen-orientierter Krabbencocktail.

200 g Edamame-Bohnen, enthülst

2 Handvoll gemischter grüner Salat (z.B. Babyspinat, Brunnenkresse, Rucola)

1 Stück Gurke (12 cm), geschält und entkernt, mit einem Gemüsehobel in feine Streifen geschnitten

200 g Garnelen, geschält und gekocht (Kopf und schwarzer Darmfaden entfernt)

1 Bio-Limette (geriebene Schale und Saft einer Hälfte; die andere Hälfte in Spalten zerteilt)

1 TL Sesamöl

1 EL Pflanzenöl (neutraler Geschmack)

½ Avocado, entkernt, in Scheiben geschnitten

1 ½ TL schwarze Sesamsamen (oder weiße Sesamsamen, geröstet)

In einer Schüssel die Edamame-Bohnen mit dem Salat, den Gurkenstreifen und den Garnelen vermengen. Die Limettenschale hinzufügen.

Den Limettensaft mit den Ölen vermengen und schlagen, bis sich alles gut verbunden hat. Das Dressing über den Salat gießen und mischen. Mit Avocadoscheiben und Sesamsamen dekorieren. Mit Limettenspalten servieren.

Tipp: *Die Avocadoscheiben erst direkt vor dem Servieren auf den Salat geben, um zu verhindern, dass sie beim Mischen zu einem unansehnlichen Brei werden. Falls Sie keine Edamame-Bohnen finden, können Sie stattdessen jederzeit auch Erbsen oder Saubohnen verwenden.*

TANDOORI-LACHS MIT LINSEN UND RAITA-SAUCE

4 Portionen

Dieses Gericht ist sehr schnell zu einem werktäglichen Hauptnahrungsmittel geworden, und zwar nicht nur für unsere Familie, sondern auch für einige Freunde, die es für dieses Buch bei uns probierten. Es ist aromatisch, aber nicht zu schwer und lässt sich je nach Anzahl der Gäste leicht halbieren oder verdoppeln. Vor allem aber fühlt man sich einfach gut, wenn man diese gelben Linsen und den rosafarbenen Lachs verspeist. (Außerdem ist Kurkuma gut gegen Krebs und Demenz.) Hier ein paar Tipps zu Zubereitung: Lassen Sie den Lachs wenn möglich 30 Minuten marinieren, das intensiviert den Geschmack. Währenddessen können Sie die Linsen kochen und den Tisch decken. Und denken Sie an die Raita-Sauce, frische Tomaten und eine Zitronenspalte zum Drüberpressen – sie machen das Ganze wesentlich schmackhafter.

4 Lachs-Filets (je 180 g), mit Haut
Meersalz
1 EL Olivenöl

Marinade
150 g Joghurt
1 Knoblauchzehe, gehäutet und gerieben
1 Stück Ingwer (2 cm), geschält und gerieben
1 TL Kreuzkümmel, gemahlen
1 TL Kurkuma, gemahlen
1 Prise Meersalz
½ TL frisch gemahlener schwarzer Pfeffer
1 TL Paprikapulver
½–1 TL Cayenne-Pfeffer

Linsen mit Dressing
1 EL Kurkuma, gemahlen
1 TL Kreuzkümmel, gemahlen
1 TL Cayenne-Pfeffer
1 TL Koriander, gemahlen
1 TL Zimt, gemahlen
1 TL Senfsamen
1 EL Olivenöl
1 Zwiebel, gehäutet und würfelt
1 Stück Ingwer (5 cm), geschält und gerieben
2 x 400 g braune Linsen aus der Dose, gewaschen

Raita-Sauce
1 kleine Gurke, gehobelt und mit der Hand ausgedrückt, um überschüssige Flüssigkeit loszuwerden
1 kleines Bund frische Minze, gehackt
300 g Joghurt

Zum Servieren
Zitronenspalten, 1 Handvoll Babyspinat und 1 Handvoll Kirschtomaten, gehackt

Für die Marinade alle Zutaten in einer großen Schüssel vermengen. Die Lachs-Filets so hineinlegen, dass das Fleisch bedeckt ist, die Haut aber oben noch herausschaut. 30 Minuten abgedeckt im Kühlschrank ziehen lassen.

Für die Linsen alle Gewürze in einer Pfanne bei mittlerer Hitze 1 Minute rösten, bis sie nussig riechen. Das Olivenöl, die Zwiebel und den Ingwer hinzufügen und 3–5 Minuten anbraten, bis die Zwiebel weich ist. Anschließend die Linsen unterrühren und erwärmen.

Den Lachs aus der Marinade nehmen und die Haut mit reichlich Salz einreiben, um zu verhindern, dass sie am Pfannenboden festklebt. In einer Pfanne das Olivenöl bei mittlerer Hitze erwärmen und die Filets mit der Hautseite nach unten hineinlegen. 3 Minuten anbraten, dann wenden und von der anderen Seite weitere 2–3 Minuten anbraten. Der Großteil des Lachses sollte undurchsichtig sein, bis auf einen rosaroten Kern von etwa 1 cm. Wenn der Lachs ganz durch sein soll, auf der zweiten Seite 2 Minuten länger braten. Vor dem Servieren 2–3 Minuten ruhen lassen.

Für die Raita-Sauce alle Zutaten vermischen.

Den Lachs auf einem Bett aus Linsen anrichten, dazu eine Zitronenspalte reichen. Als Beilagen Spinat, Kirschtomaten und Raita-Sauce servieren.

BURGER MIT MAROKKANISCHEM LAMM UND KICHERERBSEN IM SALATBLATT

4 Portionen oder 8 kleine Burger

Macht ein Burger ohne Brötchen wirklich Spaß? Ich behaupte, dass es mit diesem Rezept der Fall ist. Die zerdrückten Kichererbsen im Burger machen ihn lecker und reichhaltig, so dass es nicht nur etwas Fleisch auf Salat ist. Außerdem geben die Gewürze und das Minze-Joghurt-Dressing dem Ganzen eine frische Note. Ich liebe dazu Ofentomaten und ein kühles Glas Rosé, am besten mit den Zehenspitzen im Swimming-pool.

250 g Kirschtomaten
2 EL Olivenöl
400 g Kichererbsen aus der Dose, gewaschen
2 Knoblauchzehen, gehäutet und gerieben
1 EL Kreuzkümmel, gemahlen
1 EL Koriander, gemahlen
1 TL Zimt, gemahlen
1 TL Ingwer, gemahlen
½ TL Cayenne-Pfeffer
1 Ei, leicht geschlagen
1 ½ TL Meersalz
500 g Lammhackfleisch

Minze-Joghurt-Dressing
150 g Joghurt
1 Handvoll frische Minzeblättchen, zerrissen
2 EL Olivenöl

Zum Servieren
8 große Salatblätter (Kopfsalat) und Harissa-Paste
   oder Tabasco

Den Ofen auf 150 °C vorheizen.

Die Tomaten in einer Auflaufform verteilen, mit der Hälfte des Olivenöls beträufeln und im vorgeheizten Ofen 40 Minuten backen.

In der Zwischenzeit drei Viertel der Kichererbsen, den Knoblauch, die Gewürze, das Ei und das Salz im Mixer zu einem glatten Teig pürieren.

Den Teig mit dem Lammhackfleisch und den restlichen Kichererbsen vermengen. In 8 Portionen aufteilen und mit den Händen dicke Burger formen. Auf einen Teller legen und abgedeckt 15–30 Minuten kalt stellen, damit sie fest werden.

Das restliche Öl bei mittlerer Hitze in einer Pfanne erwärmen. Die Burger von jeder Seite 3–4 Minuten anbraten, bis die Außenseite gebräunt und das Innere medium durchgebraten ist (je nach Geschmack auch ganz durch).

Für das Minze-Joghurt-Dressing alle Zutaten vermischen.

Die Burger mit den Ofentomaten und dem Minze-Joghurt-Dressing auf je einem Salatblatt servieren. Harissa-Paste oder Tabasco zum Würzen reichen.

MEDITERRANER TINTENFISCH MIT WEISSEM-BOHNEN-PÜREE UND OLIVEN GEFÜLLT

2 große Portionen

Das Einwanderungsformular für Malta bietet zum Ankreuzen acht mögliche Gründe für einen Besuch. Die Pastizzi-Teigtaschen sind nicht darunter. Dabei waren diese kleinen, mürben, mit Käse gefüllten Teig-taschen während meines dreitägigen Aufenthalts mein Untergang. Doch dann entdeckte ich zum Glück Stuffat Tal-Quarnit, einen Fischeintopf mit geschmor-tem Tintenfisch, der lange und langsam mit Tomaten, Oliven und Zwiebeln gekocht wird. Im Folgenden ergänze ich die Geschmacksfülle dieses Gerichts mit zusätzlichen Ballaststoffen. Die geputzten Tinten-fischtuben werden vollgestopft mit weißen Bohnen und Garnelen und bringen eine doppelte Portion Meeresbrise mit sich. Um die gefüllten Tuben zu verschließen, braucht man Cocktailspießchen und etwas Geschick. Dieses Gericht ist hoffentlich so lecker, dass Sie so schnell keine Gelüste mehr auf knusprige Pastetchen haben werden. Aber wenn Sie danach noch etwas Süßes brauchen, dann ver-suchen Sie es doch mit Gebackenen Pfirsichen mit Ricotta-Füllung (Seite 162).

2 EL Olivenöl

1 Prise getrocknete Chiliflocken

1 Zwiebel, gehäutet und in feine Scheiben geschnitten

3 Knoblauchzehen, gehäutet und in feine Scheiben geschnitten

4 mittlere oder 8 kleine Tintenfischtuben (insgesamt etwa 225 g), geputzt, Tentakel, falls vorhanden, aufbewahren

400 ml Tomatenpüree

400 g weiße Bohnen aus der Dose, gewaschen

8 kleine, rohe Garnelen (50 g), geschält und gewürfelt

2 Handvoll frische Petersilie, gehackt

10 schwarze Oliven, entkernt und fein gehackt

Zum Servieren

Salat aus Babyspinat, gehobeltem Fenchel und gehobelten Zucchini, mit Olivenöl und Zitronensaft angemacht

Zubehör

8 Cocktailspießchen

Das Olivenöl mit den Chiliflocken, der Zwiebel und dem Knoblauch in einer großen schweren Pfanne oder einem Schmortopf bei mittlerer Hitze erwärmen. 5–7 Minuten anbraten, bis die Zwiebel weich ist. Dann – falls vorhan-den – die Tentakel hinzufügen und anbraten, bis sie sich zusammenziehen und leicht bräunen. Das Tomaten-püree hinzugießen und zugedeckt leicht köcheln lassen.

Die Füllung für die Tintenfische vorbereiten. Dazu die weißen Bohnen zu einem groben Brei zerdrücken. Mit den Garnelen, drei Vierteln der Petersilie und den Oliven vermengen.

Die Paste bis zu den Enden in die Tintenfischtuben füllen, dann die Öffnung mit einem Cocktailspießchen verschließen.

Die gefüllten Tintenfische in die köchelnde Tomaten-sauce geben. Zugedeckt 40 Minuten köcheln lassen – die Tuben sollten undurchsichtig und die Garnelen in der Füllung gut durch sein.

Die Tintenfische mit der restlichen Petersilie bestreuen und mit einem Salat aus Spinat, Fenchel und Zucchini servieren.

PULLED PORK MIT DIRTY QUINOA UND PFIRSICHEN

4–6 Portionen

Pulled Pork, also sehr lang gegartes, zerzupftes Schweinefleisch, wird normalerweise in einem Brötchen gegessen, das so weich wie ein Federbett ist. Daher brauchen wir einen Ersatz, der die Bratensäfte genauso gut aufsaugt und die zarten Fleischstreifen umhüllt. Dirty Rice, also Reis, der zusammen mit Geflügelklein gekocht wird, das ihm die charakteristische dunkle Farbe gibt, ist eine Möglichkeit. In diesem Rezept imitieren wir den würzigen Reis mit Quinoa, Linsen und verschiedenen Gewürzen (falls Sie allerdings Lust auf gehackte Hühnerleber haben, können Sie das gerne machen). Die klebrige Süße der Pfirsiche verlangt nach Schärfe als Gegengewicht – zum Beispiel einem Krautsalat mit Apfelessig oder einer scharfen Sauce. Eine Serviette ist auf jeden Fall unabdingbar. Das ist, im wahrsten Sinn des Wortes, kein sauberes Essen.

1 EL Kreuzkümmel, gemahlen
1 EL Koriander, gemahlen
1 TL Chilipulver
½ EL Meersalz
1 kleine Bio-Orange, geriebene Schale und Saft
1 kg gut durchwachsene Schweineschulter, in streichholzbriefchengroße Stücke geschnitten
2 EL Olivenöl
4 reife Pfirsiche, geschält, entsteint und gehackt
  (oder 220 g Pfirsichhälften aus der Dose, abgetropft)
375 ml Ginger Ale (oder Wasser)
Meersalz

Dirty Quinoa
85 g weiße Quinoa, gewaschen
85 g rote oder schwarze Quinoa, gewaschen
375 ml Hühnerbrühe
1 EL Kreuzkümmel, gemahlen
400 g braune Linsen aus der Dose, gewaschen
1 Handvoll frischer Koriander, gehackt

Zum Servieren
scharfe Sauce und/oder Krautsalat

Die Gewürze, ½ EL Salz und die Orangenschale vermengen und die Schweinefleischstücke darin wenden.

Das Olivenöl in einer großen schweren Pfanne oder einem Schmortopf bei großer Hitze erwärmen und die Hälfte des Fleisches hinzufügen. Das Fleisch von allen Seiten anbräunen, dann aus der Pfanne nehmen und mit der anderen Hälfte den Vorgang wiederholen. Anschließend das gesamte Fleisch zusammen mit dem Orangensaft und den Pfirsichen wieder in den Topf geben. Das Fleisch mit Ginger Ale bedecken (falls mehr Flüssigkeit benötigt wird, noch Wasser aufgießen). Die Flüssigkeit sprudelnd zum Kochen bringen, dann zurückdrehen und ohne Deckel 2 Stunden köcheln lassen.

Nach 2 Stunden das Fleisch kontrollieren. Es sollten nur noch etwa 5 mm Flüssigkeit in der Pfanne verblieben sein und das Fleisch sollte sich mit 2 Gabeln leicht zerzupfen lassen. Je nachdem, wie durchwachsen das Fleisch ist, benötigt es eventuell noch 30 Minuten länger.

Etwa 20 Minuten vor dem Servieren die Dirty Quinoa zubereiten. Dafür Quinoa, Hühnerbrühe und Kreuzkümmel in einem Topf zum Kochen bringen, dann die Hitze reduzieren. Zugedeckt 15 Minuten köcheln lassen, bis der Großteil der Flüssigkeit aufgesogen ist. Die Linsen untermischen, mit Salz abschmecken und mit Koriander bestreuen.

Wenn das Schweinefleisch gar ist, mit 2 Gabeln zerzupfen und mit den verbleibenden Bratensäften vermengen.

Das Schweinefleisch mit Dirty Quinoa, scharfer Sauce und nach Geschmack etwas Krautsalat servieren.

HÄHNCHEN IN PIRI-PIRI-MARINADE MIT SCHWARZEN BOHNEN UND TOMATEN

4 Portionen (so viel Marinade,
dass man die Hälfte einfrieren kann)

Man könnte erwarten, dass ich jetzt eine Geschichte erzähle, wie wir in Portugal ein köstliches Piri-Piri-Hähnchen aßen. Nur dass das nicht stimmt. Lissabon Ende Juni ist nichts für Zartbesaitete. Denn es herrscht dort eine derart sengende Hitze, dass man das Gefühl hat, der Asphalt verzieht sich unter den gnadenlosen Sonnenstrahlen. Die Luft flirrt und man hält es nur im Wasser oder im Schatten aus, wo die Energie höchstens dafür reicht, verirrte Tropfen von Eiscreme aufzuschlecken. Wenn wir ordentlich gesucht hätten, dann hätten wir sicherlich irgendwo das Viertel der Hähnchen gefunden, mit all den gebackenen Paprika, Oregano und Zitrusfrüchten, auf die wir uns so gefreut hatten. Aber wir schafften es nicht. So verspeisten wir an unserem letzten Tag etwas enttäuscht einen gesalzenen Kabeljau. Erst als wir wieder daheim in London waren, merkte ich, dass es das Hähnchen unserer Träume nicht nur in Portugal gab. Alles, was man dazu brauchte, waren ein paar Gewürze, Geduld – und eine gute Schere.

1 Hähnchen (1,8–2 kg)
250 g Kirschtomaten
2 x 400 g schwarze Bohnen aus der Dose, gewaschen
3 doppelte Handvoll Grünkohl, grob gehackt
6 eingelegte rote Paprika, abgetropft und gewürfelt
Aioli (Seite 42) zum Servieren

Piri-Piri-Marinade
1 kleine rote Zwiebel, gehäutet und in grobe Stücke geschnitten
3 Knoblauchzehen, gehäutet
125 ml Olivenöl
60 ml Rotweinessig
1–2 Chili (entsamt, wenn es nicht zu scharf sein soll)
1 rote Paprika, entsamt und grob gehackt
1 EL Paprikapulver
½ EL getrockneter Oregano
½ Bio-Zitrone, geriebene Schale und Saft
1 Prise Meersalz
getrocknete Chiliflocken oder Chilipulver zum Abschmecken (optional)
brauner Zucker zum Abschmecken (optional)

Den Ofen auf 200 °C vorheizen.

Für die Marinade alle Zutaten in einer Küchenmaschine pürieren, bis eine glatte Sauce entsteht. Probieren und eventuell noch nachwürzen – wenn es schärfer gewünscht ist, noch etwas Chili hinzufügen, wenn es zu sauer ist, noch etwas braunen Zucker untermischen. Wie süß oder scharf das Ergebnis ist, hängt von den verwendeten Zutaten ab. Das Ganze sollte gut ausbalanciert sein.

Die Marinade in einer Pfanne bei mittlerer Hitze 5–7 Minuten unter ständigem Rühren erwärmen, um sie einzudicken. Beiseite stellen und etwas abkühlen lassen.

Für das Entfernen des Rückgrats beim Hähnchen verwendet man am besten eine Küchenschere. Danach das Hähnchen auf einem Brett ausbreiten und flachdrücken. Die Hälfte der Marinade über das Hähnchen gießen und in die Haut einmassieren. Die andere Hälfte der Marinade aufbewahren oder einfrieren.

Das Hähnchen zusammen mit den Kirschtomaten in einen Bräter legen. Im vorgeheizten Ofen 40–50 Minuten braten, bis die Temperatur in der Brust 73 °C erreicht hat oder aus dem Schenkel klarer Saft austritt, wenn man ihn mit einem Messer ansticht.

Das Hähnchen ruhen lassen, während das Gemüse zubereitet wird. Dazu die schwarzen Bohnen, den Grünkohl, die gebackenen Kirschtomaten und die eingelegten Paprika in einem Topf bei mittlerer Hitze erwärmen und rühren, bis die Bohnen warm sind und der Kohl zusammengefallen ist.

Das Hähnchen aufschneiden und mit dem Gemüse, etwas Bratensaft und Aioli servieren.

Tipp: Es ist sehr sinnvoll, das Hähnchen vor dem Braten am Rücken aufzuschneiden und das Rückgrat zu entfernen, weil sich ausgebreitet eine wesentlich größere Fläche marinieren lässt. Außerdem ist das Fleisch so schneller durch.

Gibt es überhaupt Wohlfühlessen bzw. Comfort Food mit reduzierten Kohlenhydraten? Ja, das gibt es sehr wohl! Zum Beispiel Gnocchi aus weißen Bohnen oder ein Soufflé aus Blauschimmelkäse sind wie eine essbare Umarmung. Man braucht nur hier und da ein paar raffinierte Tricks, um für faule Tage im Bett eine Mahlzeit zu zaubern, die einerseits Sehnsüchte erfüllt und gleichzeitig gut tut. Das kann Kichererbsenmehl in einer Béchamel-Sauce sein, das Weglassen von Kartoffeln zu einer Schlachtplatte oder das Füllen von Kohlrouladen mit Quinoa, Minze und Pilzen. Jedenfalls gibt es viele Möglichkeiten, ein Winteressen etwas leichter zu machen.

Genau diese Art von Gerichten mache ich wieder und wieder, wenn der Wind ums Haus pfeift und ich nach einem Grund suche, den Backofen anzuwerfen. Wir durchsuchen den Vorratsschrank und machen es uns mit *Linsen-Hackbällchen mit Ajvar und Tomaten* oder einer *Lammstelze-mit-Feigen-Tajine* gemütlich. Dann schalten wir den Fernseher an oder kuscheln uns vor ein Kaminfeuer. Vielleicht gönnen wir uns sogar eine Flache guten Rotwein. So muss der Winter keine graue Zeit sein.

WOHLFÜHL-
ESSEN
AM
KAMIN

BLAUSCHIMMELKÄSE-SOUFFLÉS

4 Portionen

Soufflés gelten unberechtigterweise als kompliziert. Dabei gelingt ein Soufflé schon, wenn man einfach eine weiße Sauce zubereiten und ein Ei steif schlagen kann. Aber es gibt ein paar Tipps, die das Ganze erleichtern. Zum Beispiel geht das Soufflé besser auf, wenn die Eier Raumtemperatur haben (so wie es gut ist, eine Béchamel-Sauce zu kühlen, ehe man das Eiweiß unterhebt). Bei mir werden Soufflés am schönsten, wenn ich sie auf der untersten Schiene im Ofen backe (und sie dann sofort serviere. Aber machen Sie sich keine Sorgen, es liegt in der Natur der Sache, dass sie zusammenfallen, sobald man sie auf den Tisch stellt. Eine eingedrückte Oberfläche gehört einfach dazu.). Diese hier sind an sich sehr leicht und der Blauschimmelkäse macht sie noch besonders luftig. Ich empfehle außerdem, etwas Radicchio dazuzureichen. Er bietet einen bitteren Kontrast und lässt sich außerdem gut eintunken. Ich finde, dass eine kleine Portion des Soufflés reicht, sonst fühlt man sich nachher einfach nur voll. Zur Abrundung eignet sich der knackige, kontrastreiche Salat aus Kichererbsen, Lauch, Apfel und Birne (Seite 75).

40 g Butter, plus etwas zum Einfetten
2 EL gemahlene Mandeln oder Haselnüsse
40 g Kichererbsenmehl
225 ml Milch
150 g Blauschimmelkäse
½ EL frische Thymianblättchen
Meersalz und frisch gemahlener schwarzer Pfeffer
4 Eiweiß
Radicchioblätter zum Servieren

Zubehör
4 Soufflé-Förmchen à 250 ml

Den Ofen auf 180 °C vorheizen.

Die Soufflé-Förmchen leicht mit Butter einfetten. Die gemahlenen Mandeln oder Nüsse hineinschütten und schwenken, so dass Boden und Wände bedeckt sind. Den Überschuss herausschütteln und mit den restlichen Förmchen ebenso verfahren.

In einem Topf bei mittlerer Hitze die Butter schmelzen, dann das Mehl einrühren, so dass ein Teig entsteht. Den Teig 2 Minuten anbraten, bis er leicht gebräunt ist.

Nach und nach die Milch hinzugießen und mit einem Schneebesen rühren, bis eine klebrige weiße Sauce entsteht (ähnlich wie eine Béchamel-Sauce). Den Käse und den Thymian hinzufügen und rühren, bis der Käse geschmolzen und die Sauce glatt ist. Den Topf vom Herd nehmen, die Masse mit Salz und Pfeffer würzen und mindestens 5 Minuten abkühlen lassen.

In einer sauberen Schüssel mit einem Handrührgerät das Eiweiß mit einer Prise Salz schlagen, bis es steif ist. Das Eiweiß vorsichtig in drei Portionen unter die Käsemasse heben und vermengen, dabei möglichst viel Luft im Teig lassen.

Den Souffléteig in die vorbereiteten Förmchen füllen (je zu drei Vierteln voll) und auf einem Backblech auf der untersten Schiene ins Backrohr schieben. 25 Minuten backen, bis sie aufgebläht und goldbraun sind.

Die Soufflés sofort servieren. Dazu ein paar Radicchioblätter zum Dippen garnieren. Optional mit dem Salat aus Kichererbsen, Lauch, Apfel und Birne (Seite 75) kombinieren.

Tipp: Der Blauschimmelkäse lässt sich jederzeit auch durch zerkrümelten Ziegenkäse oder geriebenen Cheddar ersetzen. Wenn Sie nicht wissen, was Sie mit dem übriggebliebenen Eigelb machen sollen, probieren Sie doch die Passionsfrucht-Sauce auf Seite 161. Wenn Sie dabei Schale und Saft einer Bio-Clementine verwenden, bekommt das Ganze eine winterliche Note und ist eine köstliche, leichte Nachspeise.

AUFLAUF AUS „GNOCCHI" MIT FLEISCHBÄLLCHEN, TOMATEN UND MOZZARELLA

2 Portionen

Für mich sind Gnocchi aus Kartoffelteig das köstlichste Wohlfühlessen überhaupt. Daher war ich auch richtig traurig, als ich wegen meiner kohlenhydratreduzierten Diät darauf verzichten musste. Doch dann begann ich zu überlegen – war es vielleicht möglich, Gnocchi aus Hülsenfrüchten zuzubereiten?

Die Antwort ist: ja! Puristen mögen jetzt vielleicht die Augen verdrehen, doch sie sind außerdem die schnellsten Gnocchi, die ich je gemacht habe. Man braucht nur zwei Dosen mit weißen Bohnen, abgetropft, gewaschen und püriert. Mit Kartoffeln funktioniert das nicht, außer Sie wollen mit dem daraus resultierenden Püree die Tapeten festkleistern. Wenn diese Gnocchi richtig locker sein sollen, dann streiche ich sie noch durch ein Sieb. Auf diese Weise verschwinden alle Klümpchen und es wird möglichst viel Luft eingearbeitet. Ich gebe zu, dass auch sie nicht völlig kohlenhydratfrei sind, aber sie verzichten auf den doppelten Exzess des Originals aus Kartoffeln und Mehl. Das extra Protein in den Bohnen macht sie etwas fester, aber nach dem Backen sind sie außen knusprig und innen schön breiig.

Gnocchi

2 x 400 g weiße Bohnen aus der Dose, gewaschen
1 Eigelb
Meersalz und frisch gemahlener schwarzer Pfeffer
100 g Weizenmehl, plus etwas zum Bestäuben
Olivenöl zum Beträufeln

Sauce

300 g Kirschtomaten
1 EL Olivenöl
200 g Rinder- oder Schweinehackfleisch
1 TL getrocknetes Oregano
3 EL Tomatenmark (etwas mehr, falls die Tomaten
   nicht besonders saftig sind)
1 Prise Zucker
300 g Büffel-Mozzarella, in grobe Stücke zerzupft
frische Basilikum- oder Oreganoblättchen, zum Servieren

Zubehör

Blech, mit Backpapier ausgelegt; ofenfeste Form
   (Größe eines DIN-A-4-Papiers)

Den Ofen auf 180 °C vorheizen. Für die Gnocchi die Bohnen mit einem Stabmixer oder einer Küchenmaschine pürieren, bis eine völlig glatte Paste entsteht. Für optimale Ergebnisse die Paste außerdem durch ein Sieb streichen. Das Püree mit dem Eigelb und eine großzügigen Prise Salz in eine Schüssel geben. Nach und nach das Mehl dazusieben, mit der anderen Hand gleichzeitig sanft rühren, damit sich das Ganze zu einem Teig verbindet. Nicht zu fest schlagen, sonst wird der Teig zäh.

Ein sauberes Brett etwas einmehlen. Den Teig in vier Kugeln aufteilen. Je eine Kugel mit der Hand flachdrücken und zu einem langen Strang ausrollen (etwa so dick wie ein Weinkorken). Beiseite stellen und mit den restlichen Portionen wiederholen.

Die vier Teigstränge parallel nebeneinander legen und in gleich große, etwa 1,5 cm lange Stücke schneiden. Die Gnocchi auf das Blech verteilen, mit Olivenöl beträufeln und im vorgeheizten Ofen 20 Minuten backen. Auf diese Weise werden die Gnocchi fest, was verhindert, dass sie später in der Tomatensauce schleimig werden.

Die Hitze des Ofens zurückdrehen auf 150 °C. Für die Sauce die Tomaten in eine ofenfeste Form verteilen, mit Olivenöl beträufeln und mit etwas Salz bestreuen. Im Ofen 20 Minuten backen, bis die Tomaten weich und verschrumpelt geworden sind.

Während die Tomaten im Ofen sind, die Fleischbällchen zubereiten. Dazu das Fleisch mit getrocknetem Oregano, einer Prise Salz, einer großzügigen Prise frisch gemahlenen schwarzen Pfeffers und 1 EL sehr kaltem Wasser vermengen. Alles mit den Händen verkneten, dann Bällchen in der Größe der Kirschtomaten formen. Wenn die Tomaten 20 Minuten im Ofen waren, die Fleischbällchen mit in die Form geben und weitere 20 Minuten backen.

Wenn die Tomaten durch das Backen aufgedunsen und weich sind, mit einer Gabel zerdrücken, so dass das Innere herausquillt. Das Tomatenmark und den Zucker hinzufügen und vorsichtig verrühren. Die Gnocchi zwischen die Tomaten und die Fleischbällchen verteilen. Der Saft aus den Tomaten sollte die Gnocchi bis zur halben Höhe bedecken. Falls zu wenig Flüssigkeit vorhanden ist, entweder 2 EL Tomatenmark mit 1 l Wasser verrühren oder auf fertiges Tomatenpüree zurückgreifen.

Mit dem abgetropften und zerzupften Mozzarella bedecken und 30 Minuten im Ofen backen, bis der Käse geschmolzen und gebräunt ist und die Gnocchi durch sind.

Den Auflauf mit frischen Basilikum oder Oreganoblättchen dekoriert servieren.

SCHLACHTPLATTE MIT SAUERKRAUT (CHOUCROUTE)

6 Portionen

Eine Spezialität aus dem Elsass, die das starke Aroma von Sauerkraut mit der Intensität von geräuchertem Schwein verbindet und häufig mit Kartoffeln serviert wird. Unter dem Gewölbe des Delaunay in London bemerkte ich das erste Mal, wie überflüssig sie sind. Nur zu gerne ließ ich die Knollen weg, um mir dafür noch ein Stück Torte zu genehmigen. Seit diesem Tag habe ich sie kein einziges Mal mehr vermisst. Anfangs wirkt eine Choucroute vielleicht etwas aufwändig, aber eigentlich muss man nur Zutaten zusammenbringen, da Sauerkraut und Wurst ja bereits fertig sind. Äpfel und Wacholderbeeren sollten Sie auf keinen Fall weglassen, sie geben dem Ganzen die nötige blumige Note, um die Säure des Krauts auszugleichen. Außerdem ist es gut, verschiedene Senfsorten auf den Tisch zu stellen, um die Fettigkeit der Würste zu mildern. Mit einem kühlen Bier oder einem Riesling wird daraus ein echtes Festessen. (Falls Sie nach einer Abrundung dieses Essens suchen, probieren Sie doch die Salzburger Nockerl von Seite 158 oder den Kuchen aus Schokolade, schwarzen Bohnen und Kirschen von Seite 164.)

700 g Sauerkraut
1 EL Olivenöl
800 g hochwertige Schweinswürste
3 Zwiebeln, gehäutet und in Scheiben geschnitten
2 mittelgroße Karotten, geputzt und gewürfelt
1 Knoblauchzehe, gehäutet und gerieben
2 grüne Äpfel, geschält, entkernt und gerieben
375 ml Hühnerbrühe
500 ml trockener Weißwein (Riesling)
1 Lorbeerblatt, frisch oder getrocknet
6 schwarze Pfefferkörner
6 Nelken
8 Wacholderbeeren
200 g Kassler, in mundgerechte Stücke geschnitten
400 g geräucherte Wurst (Cabanossi, Krakauer)

Zum Servieren
Dijon-Senf, süßer und mittelscharfer Senf

Das Sauerkraut abgießen und abtropfen lassen.

Den Ofen auf 160 °C vorheizen.

Das Olivenöl in einer feuer- und ofenfesten Form bei mittlerer Hitze erwärmen und darin die Schweinswürste anbraten. Mehrmals wenden, bis sie von allen Seiten gebräunt sind, dann aus der Form nehmen und beiseite stellen.

In derselben Form die Zwiebeln und die Karotten 5–7 Minuten anbraten, bis sie weich sind. Den Knoblauch und die Äpfel hinzufügen und 2 Minuten unter Rühren kochen. Dann das Sauerkraut, die Brühe, den Wein, das Lorbeerblatt, die Pfefferkörner, die Nelken und die Wacholderbeeren hinzufügen und zum Köcheln bringen.

Die angebräunten Würste hinzufügen, zudecken und im vorgeheizten Ofen 1 ½ Stunden schmoren.

Das Kassler und die geräucherten Würste in die Form geben und zugedeckt weitere 30 Minuten schmoren, bis das Fleisch heiß ist. Das Lorbeerblatt entfernen, die Gäste auf Wacholderbeeren, Nelken und Pfefferkörner hinweisen und mit Senf servieren.

AUBERGINE ÜBERBACKEN

4 Portionen (oder 6 Portionen mit grünem Salat)

Dieses Gericht ist so etwas wie ein fleischloses Moussaka, das in seinem Inneren so manches Geheimnis birgt. Es liegt ganz bei Ihnen, ob Sie Ihren Gästen verraten, dass die Béchamel-Sauce mit pürierten Bohnen und einem Ei aufpoliert ist. Sie werden es sonst nie erfahren, aber Ihnen tut das zusätzliche Eiweiß gut. Außerdem werden die Auberginenscheiben im Panini-Grill getoastet. Auf diese Weise spart man eine Menge Öl (Auberginen sind die durstigsten Nachtschattengewächse überhaupt) und es geht doppelt so schnell. Das Übereinanderschichten macht etwas Arbeit, aber das Ergebnis ist herzhaft, köstlich, und man muss eigentlich immer mehr als 1 Portion essen.

3 große Auberginen
3 EL Olivenöl
80 g Parmesan, gehobelt
150 g Mozzarella, in Scheiben
1 große Handvoll Basilikumblättchen, zum Servieren

Tomatensauce
1 EL Olivenöl
1 Zwiebel, gehäutet und gewürfelt
2 Knoblauchzehen, gehäutet und in dünne Scheiben
   geschnitten
2 x 400 g gehackte Tomaten aus der Dose
1 EL getrockneter Oregano
1 Prise getrocknete Chiliflocken (optional)
1 TL Zucker (optional)
Meersalz und frisch geriebener schwarzer Pfeffer

Béchamel-Sauce
50 g Butter
50 g Kichererbsenmehl oder Weizenmehl
400 ml Milch
400 g weiße Bohnen oder Kichererbsen aus der Dose,
   gewaschen und püriert (für ein glattes Püree
   nach Bedarf 2 EL Milch oder Wasser hinzufügen)
1 Ei, leicht geschlagen

Zubehör
Lasagneform, eingefettet (30 cm lang)

Den Stielansatz der Auberginen abschneiden. Der Länge nach in 1,5 cm dicke Scheiben schneiden. Mit Olivenöl bepinseln.

Die Auberginenscheiben portionsweise im Panini-Grill toasten, bis das Äußere goldbraun und das Innere weich ist.

Inzwischen die Tomatensauce zubereiten. Dazu das Olivenöl in einer Pfanne bei mittlerer Hitze erwärmen und die Zwiebel und den Knoblauch darin 5–7 Minuten anbraten, bis sie weich sind. Passen Sie auf, dass der Knoblauch nicht anbrennt. Die gehackten Tomaten, den Oregano und die getrocknete Chili (nach Geschmack) hinzufügen und zum Köcheln bringen. So lange köcheln, bis die Sauce dickflüssig und kompakt ist. Probieren: Falls sie etwas säuerlich ist, 1 TL Zucker hinzufügen. Mit Salz abschmecken.

Den Ofen auf 180 °C vorheizen.

Während die Tomatensauce einkocht, in einem anderen Topf die Béchamel-Sauce zubereiten. Die Butter bei mittlerer Hitze zergehen lassen, dann das Mehl einrühren, so dass eine Paste entsteht. Zwei Minuten braten, bis sie leicht gebräunt ist. Allmählich die Milch zugießen, dabei mit einem Schneebesen schlagen, bis eine leichte Sauce ohne Klümpchen entsteht. Mit den pürierten Bohnen vermischen, vom Herd nehmen und das Ei und ½ TL Pfeffer unterrühren.

Die Lasagneform mit einem Drittel der getoasteten Auberginen lückenlos auslegen. Mit der Hälfte der Tomatensauce bedecken und darauf ein Drittel von Parmesan und Mozzarella geben. Mit einem weiteren Drittel der Auberginenscheiben belegen, darauf die andere Hälfte der Tomatensauce und ein Drittel des Käses. Mit den restlichen Auberginenscheiben abdecken.

Die Béchamel-Sauce gleichmäßig darüber verteilen. Dabei sollte die Form nicht randvoll gefüllt sein, sondern noch etwas Platz nach oben bleiben, da die Sauce beim Backen etwas aufsteigt. Mit dem restlichen Käse bestreuen.

Im vorgeheizten Ofen 45 Minuten backen, bis die Oberfläche golden ist und Blasen wirft.

Mit Basilikumblättchen bestreuen und servieren.

LAMMSTELZE-MIT-FEIGEN-TAJINE

4–6 Portionen

Die meisten Tajines, die ich in Marrakesch probierte, waren ein elegantes Trio aus Lamm, Pflaumen und Zwiebel oder Hähnchen, Paprika und Zitrone – und dennoch überzeugten sie mich nicht. Vielleicht lag es an der Hitze. Geschmortes Fleisch ist nicht das, wovon man träumt, wenn das Thermometer 40 °C erreicht. Daher ist das Folgende weniger ein Schmorbraten als vielmehr eine bunte Mischung aus Gewürzen und unterschiedlichen Konsistenzen. Für mich ist diese aromatische Kombination aus langsam gekochtem Lamm und Gemüse das perfekte Gericht für einen Sonntagabend im Winter. Es ist so lecker, dass es sich dafür lohnt, den Niedrigtemperaturgarer vom Schrank herunterzuholen oder den Schmortopf abzustauben. Die Kichererbsen machen das Ganze wunderbar sättigend und mit einem Klecks Joghurt und etwas Harissa-Paste wird es perfekt. Wenn Sie trotzdem gerne noch eine Beilage hätten, dann versuchen Sie es doch mit etwas Quinoa oder dem Blumenkohl-„Couscous" von Seite 76.

3 EL Olivenöl

4 große oder 6 mittlere Lammstelzen, also Lammhaxen (oder 1 kg gewürfelte Lammschulter, Hähnchenschenkel oder geschälte Süßkartoffeln)

2 TL Meersalz

2 Zwiebeln, gehäutet, halbiert und in dünne Halbmonde geschnitten

2 Karotten, geputzt und in Scheiben geschnitten

2 Knoblauchzehen, gehäutet und in Scheiben geschnitten

1 TL Kreuzkümmel, gemahlen

1 TL Koriander, gemahlen

1 TL Ingwer, gemahlen

1 TL Zimt, gemahlen

1 Prise Chilipulver

750 ml Hühnerbrühe

1 Prise Safranfäden

400 g Kichererbsen aus der Dose, gewaschen

200 g getrocknete Feigen, halbiert

<u>Zum Servieren</u>

Joghurt, frischer Koriander, Harissa-Paste oder Chilisauce zum Abschmecken und Quinoa oder Blumenkohl-„Couscous" (Seite 76, optional)

Den Ofen auf 150 °C vorheizen.

2 EL Olivenöl in einem feuer- und ofenfesten Schmortopf bei mittlerer Hitze erwärmen. Die Lammstelzen salzen und portionsweise anbraten, bis sie gleichmäßig gebräunt sind. Dabei den Topf nicht zu voll machen. Anschließend aus dem Topf nehmen und beiseite stellen.

Das restliche Olivenöl in den Topf geben und darin die Zwiebeln, die Karotten, den Knoblauch und die Gewürze (ohne den Safran) 5–7 Minuten anbraten, bis das Gemüse weich wird und die Gewürze duften.

Die Hühnerbrühe dazugießen und eventuellen Bodensatz mit einem Löffel abkratzen, um möglichst viele Aromen zu gewinnen. Dann den Safran, die Kichererbsen, die Feigen und die Lammstelzen dazugeben und die Brühe zum Köcheln bringen.

Zugedeckt im vorgeheizten Ofen 3–4 Stunden schmoren, bis sich das Fleisch vom Knochen löst und die Feigen weich sind.

Die Tajine mit Joghurt, frischem Koriander, Harissa-Paste oder Chilisauce und nach Bedarf Quinoa oder *Blumenkohl-„Couscous"* servieren.

KOHLROULADEN MIT SCHWEIN, RIND UND PILZEN GEFÜLLT

4 Portionen

Durch meine Heirat bekam ich nicht nur einen Nachnamen voller Konsonanten, sondern gewann auch einen ganz neuen Kosmos an Rezepten hinzu. Als Erstes traf ich dabei auf Kohlrouladen. Sie sind ein berühmtes Gericht aus dem rumänisch-kroatischen Zweig der Familie und eines der Lieblingsessen aus der Kindheit meines Mannes. Er machte mir seine Reize schmackhaft, indem er sie als kohlenhydratfreie Cannelloni beschrieb. Damit hatte er zum Teil auch Recht. Das Haschka-Familienrezept meint damit selbst eingelegten Kohl, gefüllt mit paprikagewürztem Hackfleisch und Reis. Es ist ein Essen, das Kraft gibt für den Tag, so dass man für alle Herausforderungen gerüstet ist. Diese Version nimmt eine Abkürzung, da ich auf das Einlegen des Kohls verzichte und ihn stattdessen einfach mit heißem Wasser überbrühe. Nussige Quinoa ersetzt den weißen Reis und die Pilze machen das Ganze zusätzlich herzhaft. Das Schweinefleisch können Sie gerne durch Kalbshack oder für die vegetarische Variante durch die dreifache Menge Pilze ersetzen. Wir essen dazu Sauerkraut und einen Klecks Sour Cream oder Crème fraîche, um es reichhaltig zu machen. Ich hatte noch nicht den Mut, dieses Gericht für die angeheiratete Verwandtschaft zu kochen, aber vielleicht mache ich das irgendwann noch.

1 ganzer Kohlkopf
1 EL Olivenöl
200 g Champignons, in dünne Scheiben geschnitten
1 EL frische Thymianblättchen
150 g Hackfleisch vom Schwein
150 g Hackfleisch vom Rind
1 ½ EL Paprikapulver
1 EL frische Petersilie, gehackt
2 Knoblauchzehen, gehäutet und fein gehackt
Meersalz und frisch gemahlener schwarzer Pfeffer
140 g Quinoa, gekocht
680 g passierte Tomaten/Tomatenpürree

Zum Servieren
Sauerkraut und Crème fraîche oder Sour Cream

Den Ofen auf 180 °C vorheizen, gleichzeitig etwas Wasser zum Kochen bringen.

Den Strunk von dem Kohl entfernen, den Kohl in kaltes Wasser legen und nacheinander die Blätter lösen. Die Blätter in einen großen Topf geben und mit dem kochenden Wasser übergießen. 2 Minuten darin weich werden lassen, anschließend unter kaltem Wasser abschrecken.

Das Olivenöl in einem Topf bei mittlerer Hitze erwärmen und darin die Pilze mit dem Thymian anbraten, bis die Pilze angebräunt sind. Zum Abkühlen beiseite stellen.

Die beiden Fleischsorten vermischen und mit 1 EL Paprikapulver, der Petersilie, dem Knoblauch und den abgekühlten Pilzen vermengen. Reichlich mit Salz und Pfeffer würzen. Dann die gekochte Quinoa hineinrühren und gründlich vermischen.

Die Hälfte des Tomatenpürees in eine Auflaufform gießen und beiseite stellen.

Für die Kohlrouladen die harten Strünke aus den blanchierten Blättern schneiden und wegwerfen.

1 ½ EL der Füllung in die Mitte jedes Blattes geben. Die Blattspitze über die Füllung rollen, dann die Seiten einschlagen und weiter aufrollen, bis ein kompaktes kleines Päckchen entstanden ist. Mit der Nahtseite nach unten beiseite stellen und den Vorgang mit den restlichen Blättern samt Füllung wiederholen.

Die Rouladen mit der Nahtseite nach unten in die Auflaufform auf das Tomatenpüree schichten. Die andere Hälfte des Pürees darübergießen und mit dem restlichen Paprikapulver bestäuben. Abgedeckt 1 Stunde im vorgeheizten Ofen schmoren.

Nach 1 Stunde den Deckel abnehmen und weitere 30 Minuten backen, damit die Sauce eindickt.

Die Kohlrouladen mit Sauerkraut und einem Klecks Crème fraîche oder Sour Cream servieren.

LINSEN-„HACKBÄLLCHEN" MIT AJVAR UND TOMATEN

14–16 Bällchen, 2 große Portionen
oder 4 kleine Portionen mit Salat

*Ajvar ist die Geheimwaffe aus der Küche des Balkans.
Es ist eine Würzpaste aus gebratenen Paprika und
Knoblauch. Da sie so pikant ist, passt sie perfekt zu
gegrilltem Fleisch, wir haben sie schon oft zu einem
gemischten Grillteller genossen. Außerdem habe ich
daraus eine neue Sauce zu Hackbällchen kreiert.
Die Linsen sind ein toller Ersatz an einem fleischlosen
Montag und so sättigend, dass man leicht auf Nudeln
oder Kartoffeln verzichten kann. Garnieren Sie das
Ganze mit etwas Petersilie und Sour Cream oder
einem grünen Salat und ein paar Gürkchen und
Peperoni.*

2 x 400 g braune Linsen aus der Dose, gewaschen
2 EL Parmesan, fein gerieben
1 EL Tomatenmark
1 Ei, leicht geschlagen
2 EL frische Petersilie, fein gehackt
  (plus etwas zum Servieren)
1 EL Paprikapulver
1 Prise Meersalz
Kichererbsenmehl oder Weizenmehl (optional)
2 EL Olivenöl

Sauce
500 g Ajvar
200 g Kirschtomaten

Zum Servieren
4 EL Crème fraîche oder Sour Cream, grüner Salat und
  eingelegtes Gemüse

Zubehör
Blech, mit Backpapier ausgelegt

Vier Fünftel der Linsen mit einem Stabmixer oder Mixer
pürieren, bis sich eine glatte Masse bildet. Die restlichen
Linsen, den Parmesan, das Tomatenmark, das Ei, die Petersilie, das Paprikapulver und das Salz damit vermengen. Es sollte ein fester Teig wie für Kekse sein. Falls er
zu flüssig ist, 1–2 EL Kichererbsenmehl oder Weizenmehl
hinzufügen. Aus dem Teig golfballgroße Bällchen formen. Sie werden etwas klebrig sein. Auf dem Blech verteilen und 30 Minuten kalt stellen, damit sie fest werden.

Den Ofen auf 180 °C vorheizen.

Nach 30 Minuten die Bällchen mit dem Olivenöl
beträufeln und in den vorgeheizten Ofen schieben.
25–30 Minuten backen, bis sie braun geworden sind.

In der Zwischenzeit für die Sauce das Ajvar und die
Tomaten in einem Topf bei mittlerer Hitze erwärmen,
bis die Tomaten weich und aufgesprungen sind und das
Ajvar durcherhitzt ist.

Die Bällchen auf der Sauce servieren, mit einem Klecks
Crème fraîche oder Sour Cream und etwas Petersilie
garnieren. Dazu einen grünen Salat oder eingelegtes
Gemüse kombinieren.

Tipp: *Ajvar ist in der internationalen Abteilung vieler
Supermärkte erhältlich. Ansonsten kann man es auch
selbst herstellen: Dazu 500 g eingelegte Paprika aus dem
Glas abtropfen und zusammen mit 1 Knoblauchzehe,
2 TL Olivenöl und 1 TL Rotweinessig pürieren.*

HÄHNCHENSCHENKEL MIT THYMIAN, GESCHMORTEM KOPFSALAT UND ERBSEN

2 große Portionen

Das hier ist nicht so sehr ein Rezept als vielmehr die Formel für eine gelungene Dinnerparty, selbst wenn es nur ein intimes Abendessen für zwei ist. Ein Hähnchenschenkel mit Bein ist eines der anpassungsfähigsten und unverwüstlichsten Fleischstücke überhaupt. Hier bekommen Sie die perfekte Mischung aus knuspriger Haut und weichem Fleisch ohne den Stress, ein Hähnchen vor Gästen zerteilen zu müssen. Sie müssen die Schenkel lediglich würzen und für 40 Minuten in den Ofen schieben, und sie werden auf jeden Fall goldbraun. Dazu gehört eine nicht aufwändige Beilage, die Sie gleichzeitig zubereiten. Entscheidend ist eine leckere Unterlage, in die der würzige Bratensaft aus dem Hähnchen sickert. Nach meinem Geschmack ist die Mischung aus Speck, Zwiebeln und Knoblauch perfekt. Während die Schenkel schmoren, ist dieses Trio die Grundlage eines französisch angehauchten Gerichts aus Erbsen und fein geschnittenem Salat. Dieses Rezept hat immer gut funktioniert. Und wenn es einen eher spanischen Einschlag haben soll, kann man den Speck jederzeit auch durch Chorizo-Wurst ersetzen. Außerdem passen ein paar Kirschtomaten und etwas Paprikapulver zu dem Grünzeug. Für eine italienische Note tauscht man den Thymian gegen Oregano aus und verwendet Kohl an Stelle des Salats. Und selbst eine asiatische Richtung ist möglich. Dafür den Speck durch Lap Seong (chinesische Würste) ersetzen und etwas asiatisches Gemüse hinzufügen.

90 g Räucherspeck, fein gewürfelt
2 kleine bis mittelgroße Zwiebeln, gehäutet, halbiert und in
    dünne Halbmonde geschnitten
3 Knoblauchzehen, gehäutet und gerieben
2 Hähnchenschenkel
2 TL frische Thymianblättchen
1 TL Meersalz
Dijon-Senf zum Servieren

Geschmorter Kopfsalat mit Erbsen
2 Salatherzen, sehr fein geschnitten
260 g gefrorene Erbsen
125 ml Weißwein

Den Ofen auf 180 °C vorheizen.

In einer Auflaufform die Speckwürfel, die Zwiebeln und den Knoblauch verteilen. Das ist die Grundlage des Gerichts und macht sein Aroma aus. Die Oberfläche der Hähnchenschenkel mit Thymian und Salz bestreuen und das Fleisch auf das Speck-Zwiebel-Knoblauchbett legen. Im vorgeheizten Ofen 40 Minuten backen, bis aus den Schenkeln klarer Saft austritt.

Die Hähnchenschenkel aus der Auflaufform nehmen und warm halten.

Für den geschmorten Salat und die Erbsen das Gemüsebett mit den Bratensäften aus der Auflaufform in einen Topf geben und bei großer Hitze anbraten, um so das gesamte Fett aus dem Speck auszulassen. Den Salat, die Erbsen und den Wein hinzufügen und bei mittlerer Hitze schmoren, bis der Salat zusammengefallen ist und die Erbsen warm sind.

Das Hähnchen auf dem Gemüsebett mit etwas Dijon-Senf servieren.

Tipp: *Es versteht sich von selbst, dass Schenkel von Bio-Hähnchen aus Freilandhaltung das beste Ergebnis erzielen.*

QUINOA-GRÜTZE MIT GARNELEN

2 große Portionen

Shrimps, die in Schweinefett gekocht wurden und auf einem Bett aus Grütze schwimmen, sind ein zutiefst südliches Gericht. Diese Maisgrütze ist praktisch bluts-verwandt mit Gries und Polenta und der beste Weg zum Hüftgold. Aber wenn man dem Gericht besondere Liebe und Aufmerksamkeit schenkt, kann man es mit Quinoa genauso lecker, aber etwas leichter hinbekom-men. Dazu passt etwas Frischkäse für eine cremige Konsistenz und Zitrone für Frische. Wenn man die Quinoa in Hühnerbrühe kocht, wird sie noch geschmacksintensiver. Und wenn Sie es besonders fein haben wollen, dann können Sie die Garnelenschalen 15 Minuten im Ofen rösten und anschließend 20 Minu-ten in der warmen Hühnerbrühe ziehen lassen. An einem Sommertag im Süden ist das zur Krabben-Sai-son ein klassisches Frühstück, aber es kann ebenso ein wärmendes Abendessen im Winter sein. Außerdem ist es eine gute Möglichkeit, eingefrorenen Schalentieren aus Ihrem Gefrierschrank neues Leben einzuhauchen.

190 g Quinoa, gewaschen

500 ml Hühnerbrühe

2 EL Frischkäse

½ Bio-Zitrone

1 EL Butter

1 EL Olivenöl

1 rote Chili, fein gehackt

6 Frühlingszwiebeln, weiße und grüne Teile fein gehackt

2 Knoblauchzehen, gehäutet und in feine Scheiben
   geschnitten

100 g (2 Scheiben) durchwachsener Räucherspeck,
   in feine Streifen geschnitten

500 g rohe Garnelen, geschält, Kopf und schwarzer
   Darmfaden entfernt (geschält 300 g)

scharfe Sauce zum Servieren (optional)

Die Quinoa und die Brühe zusammen in einem Topf zum Kochen bringen, dann die Hitze zurückdrehen. Zuge-deckt 15 Minuten köcheln lassen, bis der Großteil der Flüssigkeit aufgenommen ist. Den Frischkäse unterrüh-ren und die Schale der ½ Zitrone hineinreiben (die Zitro-ne aufbewahren). Die Konsistenz sollte eher weich sein: Wenn sie also zu fest ist, noch etwas Frischkäse oder heißes Wasser hinzufügen.

Während die Quinoa kocht, in eine große Pfanne die Butter, das Olivenöl, die Hälfte der Chili, die weißen Teile der Frühlingszwiebeln, den Knoblauch und den Speck geben. Die Zitronenhälfte mit der angeschnittenen Seite nach unten dazulegen. Bei mittlerer Hitze anbraten, bis aus dem Speck Fett austritt und er bräunt.

Die Garnelen hinzufügen und 3–4 Minuten anbraten, bis sie eine schön pinke Farbe bekommen haben. Aus der Pfanne nehmen.

Die gebratene Zitrone in die Pfanne pressen und even-tuelle angelegte Reste vom Pfannenboden kratzen, um möglichst viel Aroma für die Sauce zu haben. Die Gar-nelen auf der Quinoa mit Speck und Sauce servieren. Mit der restlichen Chili und dem Grün der Frühlingszwiebeln bestreuen und nach Geschmack mit etwas scharfer Sauce beträufeln.

WÜRSTCHEN MIT LAUCH, KARAMELLISIERTEN ZWIEBELN, PILZEN UND BOHNEN

4 Portionen

Dieses Gericht ist an einem kalten Nachmittag entstanden, als Baby Will gerade 3 Wochen alt war und ich im Kühlschrank nach Nahrung suchte. Würstchen, Zwiebeln, Lauch und Pilze waren die Ausbeute. Ich schaffte es einfach nicht, mit dem Kinderwagen in die Kälte hinauszugehen, um Nachschub zu besorgen. Also brauchte ich noch einen Grund, den Ofen anzuwerfen, um es mir ein bisschen wärmer zu machen. Und daraus wurde ein wahrhaft glücklicher Zufall. Als ich Würstchen und Pilze zusammenschmorte, bekam ich knusprige Haut in Kombination mit weichem Lauch und Zwiebelringen, während die cremigen Bohnen alles zusammenhielten. Das Ergebnis ist ein wunderbar gemütliches Essen, das man am besten auf dem Sofa aus der Schüssel verspeist, während daneben ein Winzling in Decken gehüllt wie ein alter Mann schnauft und grunzt.

250 g Champignons, halbiert
400 g kleine Schweinswürste
3 EL Olivenöl
1 rote Zwiebel, gehäutet, halbiert und in schmale
   Halbmonde geschnitten
1 Lauchstange, die grünen Teile abgeschnitten
   und weggeworfen, der Rest gewaschen und
   in 5 mm dicke Ringe geschnitten
125 ml Wasser
1 TL Dijon-Senf
2 x 400 g weiße Bohnen aus der Dose, gewaschen
1 TL Muskat, gemahlen
2 Handvoll Babyspinat
Meersalz und frisch gemahlener schwarzer Pfeffer
3 EL Crème fraîche zum Servieren

Den Ofen auf 180 °C vorheizen.

Die Pilze und Würste in eine feuer- und ofenfeste Form verteilen, mit 1 EL Olivenöl beträufeln und im vorgeheizten Ofen etwa 30 Minuten schmoren.

In der Zwischenzeit das restliche Olivenöl in einer Pfanne bei mittlerer Hitze erwärmen und darin die Zwiebel und den Lauch unter gelegentlichem Rühren 20 Minuten anbraten, bis sie weich und golden sind.

Mit einem Stabmixer oder Mixer das Wasser, den Senf und 1 Dose Bohnen pürieren, bis eine glatte Paste entsteht.

Die Zwiebeln, den Lauch, die Pilze, die Würste, die restlichen Bohnen aus der Dose, das Bohnenpüree, die Muskatnuss und den Spinat in der Auflaufform vermengen und bei niedriger Hitze erwärmen, bis der Spinat zusammengefallen ist. Mit Salz und Pfeffer abschmecken und vor dem Servieren mit einem Klecks Crème fraîche garnieren.

MISO-AUBERGINE MIT INGWER-TOFU UND ADZUKI-BOHNEN

2–3 Portionen

Diesen Auberginen mit ihrer klebrigen Glasur aus Miso-Paste kann man nur schwer widerstehen. Und jetzt muss man nur noch aus einem leckeren Snack eine richtige Mahlzeit zaubern. Adzuki-Bohnen machen sie nahrhafter. Sie sehen so ähnlich aus wie schwarze Bohnen, sind aber milder und süßer. Wenn man sie im selben Topf wie die Glasur kocht, bekommt man eine köstliche Mischung aus verschiedenen Geschmacksrichtungen und Konsistenzen. Mit einem Stück gegrilltem Tofu und einem Salat aus rohen Zuckererbsen und Gurke, mit Limette abgeschmeckt, sind alle Geschmacksrichtungen abgedeckt. Der Vorteil von Miso-Paste ist der, dass sie bereits fermentiert ist und daher nicht schlecht werden kann. Es lohnt sich also, immer etwas davon in einer Frischhaltedose im Kühlschrank für eine schnelle Mahlzeit bei der Hand zu haben.

2 mittlere oder 1 große Aubergine
2 EL Öl (neutraler Geschmack)
5 EL weiße Miso-Paste
1 Stück Ingwer (2 cm), geschält und gerieben
1 TL Sesamöl
2 TL brauner Zucker
4 EL Reiswein
400 g Adzuki-Bohnen
200 g fester Tofu, abgetropft und in 2 Scheiben geschnitten
2 Frühlingszwiebeln, weiße und grüne Teile fein gehackt
1 EL schwarze Sesamsamen
Salat aus rohen Zuckererbsen und Gurke, zum Servieren

Den Ofen auf 200 °C vorheizen.

Den Stielansatz der Auberginen entfernen, dann der Länge nach dritteln. Die Auberginenscheiben einige Male mit der Spitze eines scharfen Messers einritzen, aber nicht durchschneiden. Mit dem neutralen Öl bepinseln und auf einem Blech verteilen. Im vorgeheizten Ofen 35–40 Minuten braten, bis die Scheiben weich sind.

Während die Auberginen im Ofen sind, die Miso-Paste, den Ingwer, das Sesamöl, den Zucker und 3 EL des Reisweins in einem Topf bei mittlerer Hitze erwärmen. Gründlich verrühren und warm werden lassen.

Wenn die Auberginen fertig sind, den Ofen auf eine hohe Grillstufe umschalten.

Die eingeritzte Oberfläche der Auberginen mit der Miso-Mischung bepinseln und die Scheiben auf das Blech zurücklegen. Die Bohnen in den Topf mit Resten der Miso-Mischung geben und bei niedriger Hitze erwärmen.

Die Tofuscheiben zu den Auberginenscheiben auf das Blech legen und mit dem restlichen Reiswein beträufeln. Mit dem Weiß der Frühlingszwiebeln bestreuen. Das Blech unter den Grill schieben und so lange grillen, bis die Miso-Glasur gebräunt ist und Blasen wirft und der Tofu etwas Farbe annimmt.

Die Tofu- und Auberginenscheiben auf den Bohnen servieren, mit dem Sesam und dem Grün der Frühlingszwiebeln bestreuen. Dazu einen Salat aus rohen Zuckererbsen und Gurke reichen.

Tipp: Für dieses Gericht sollte man die hellste weiße Miso-Paste verwenden, die es gibt. Die normale braune Miso-Paste ist zu herzhaft für die Geschmacksbalance.

ENTENBRUST MIT ROTER BETE, RADIESCHEN UND KAKAO

4 Portionen

Rote Bete ist etwas ganz Besonderes, nicht nur weil sie geschält in der Küche alles verfärbt. Wenn man sie ungeschält unter Folie schmort, dann werden die Knollen zuckersüß. Das schmeckt an sich schon köstlich. Aber wenn man sie mit den milden Bitterstoffen eines runzeligen Radieschens und etwas dunkler Schokolade vereint, werden sie zu echten Stars. Rote Bete und Kakao sind alte Freunde. Im Internet wimmelt es nur so von Beweisen ihrer gemeinsamen Eskapaden in Brownies, leckeren Kuchen und Törtchen. Hier verleiht die dunkle Schokolade einem warmen Salat eine ganz besondere Note, der in Kombination mit Entenbrust zu einem echten Festessen wird. Jedenfalls ist das ein Festessen, für das man gerne auch mal verfärbte Finger riskiert.

10 frische, mittelgroße Rote Bete (in verschiedenen Rottönen sind sie besonders schön)
10 Radieschen
2 EL Olivenöl
1 EL Meersalz
20 g sehr dunkle Schokolade (mindestens 70 % Kakaogehalt, 85–90 % ist am besten), fein geraspelt
Meersalz und frisch gemahlener schwarzer Pfeffer
4 mittelgroße Entenbrüste
2 EL Haselnüsse, blanchiert und geröstet

Den Ofen auf 200 °C vorheizen.

Die Rote Bete und die Radieschen waschen, um Erde zu entfernen, und den Stielansatz bis auf ein paar Zentimeter kürzen. 2 Radieschen mit einem Gemüsehobel in feine Scheiben schneiden und in einer Schüssel mit kaltem Wasser beiseite stellen, damit sie knackig bleiben.

Die Rote Bete und die Radieschen sollen alle ungefähr dieselbe Größe haben. Wenn also irgendein Gemüse größer sein sollte, halbieren, damit alles ungefähr zur gleichen Zeit gar ist. Es sollte nichts größer als ein Golfball sein. Das Gemüse auf einem Blech verteilen.

Das Gemüse mit Olivenöl beträufeln und mit 1 EL Salz bestreuen. Das Blech mit Alufolie abdecken und im vorgeheizten Ofen 1 ½–2 Stunden backen, bis ein Spießchen leicht durchsticht.

Wenn das Gemüse durch ist, das Blech aus dem Ofen nehmen, dabei den Ofen anlassen. Das Gemüse etwas abkühlen lassen, dann die Haut der Roten Bete abreiben, dabei am besten Gummihandschuhe tragen.

Das Ofengemüse mit der Schokolade bestreuen und mit etwas Salz und Pfeffer würzen.

Mit einem kleinen, scharfen Messer die Haut der Entenbrüste einritzen, aber nicht bis zum darunterliegenden Fleisch durchschneiden. Die eingeritzte Haut salzen. 2 Entenbrüste mit der Haut nach unten in eine kalte Pfanne legen und auf der höchsten Stufe erhitzen. Wenn das Fett anfängt zu brutzeln, 4 Minuten scharf anbraten. Danach aus der Pfanne nehmen und beiseite stellen. Die Pfanne säubern und den Vorgang mit den anderen 2 Entenbrüsten wiederholen.

Alle Entenbrüste in einer Auflaufform in den Ofen schieben und 5 Minuten braten, wenn das Ergebnis halb durch sein soll. Wenn es ganz durch sein soll, dann 8 Minuten oder länger braten.

Die Entenbrüste 5 Minuten ruhen lassen, dann in dicke Scheiben aufschneiden. Mit gerösteten Haselnüssen und rohen Radieschenscheiben garnieren und mit dem Ofengemüse servieren.

EINTOPF MIT WEISSEN BOHNEN UND GESCHMORTEM RINDFLEISCH

4–6 Portionen

Freunde zu einem knollenfreien Leben zu überreden, kann harte Arbeit sein. Sie haben möglicherweise zu kämpfen, wenn Sie einen Dubliner überzeugen sollen, dass ein Colcannon-Eintopf mit weißen Bohnen eine leckere Variante sein kann. Einfacher Kohl – in diesem Fall leuchtender Grünkohl – hat bewiesen, dass er das Zeug zum Star hat, wenn er in Kombination mit einem Püree serviert wird, sei es aus Kartoffeln oder Hülsenfrüchten. Diese Eintopfvariante ist die ideale Ergänzung für viele einfache Familienessen: von Würstchen mit Zwiebelsauce über Schweinekoteletts mit Apfelsauce hin zu Eintopf mit Rindfleisch. Dieses geschmorte Rindfleisch ist ein unkompliziertes Abendessen. Man kann es am Morgen vorbereiten und dann den Nachmittag über vor sich hin köcheln lassen. Das Ergebnis ist frech und selbstbewusst und gleichzeitig beruhigend und tröstend.

Geschmortes Rindfleisch
2 EL Olivenöl
150 g Speck, in schmale Streifen geschnitten
1 kg Kurzrippensteak oder Rinderhaxe, kräftig marmoriert, in 2 cm große Würfel geschnitten (kein zu mageres Stück auswählen, da es sonst durch langes Schmoren zäh wird)
Meersalz und frisch gemahlener schwarzer Pfeffer
3 mittelgroße Karotten, der Länge nach halbiert und in 1 cm dicke Scheiben geschnitten
2 Zwiebeln, gehäutet und in schmale Halbmonde geschnitten
300 g Champignons, halbiert
3 Knoblauchzehen, gehäutet und fein gewürfelt
500 ml Rinderbrühe
3 EL Worcestershire-Sauce

Eintopf mit weißen Bohnen
2 x 400 g weiße Bohnen aus der Dose, gewaschen
30 ml Milch
100 g Grünkohl, gewaschen und fein gehackt
5 Frühlingszwiebeln, geputzt, dünn aufgeschnitten
frische Petersilie, gehackt, zum Servieren

Mit dem Rindfleisch beginnen. Den Ofen auf 150 °C vorheizen.

Die Hälfte des Olivenöls in einer feuer- und ofenfesten Form bei mittlerer Hitze erwärmen und den Speck darin anbraten, bis er gebräunt und das Fett ausgelaufen ist. Aus der Form nehmen.

Die Rindfleischwürfel mit 1 TL Salz würzen. In kleinen Portionen in der Form anbraten. Dabei sollte das Fleisch eine braune Kruste bekommen, die die Basis für die spätere Sauce ist. Wenn das Fleisch rundherum gut gebräunt ist, aus der Form nehmen und beiseite stellen. Portionsweise mit dem restlichen Fleisch wiederholen. Falls die Form zu trocken wirkt, etwas Olivenöl hinzufügen.

Das restliche Olivenöl in die Form gießen und die Karotten, die Zwiebeln, die Pilze und den Knoblauch darin anbraten (eventuelle Saucenreste in der Form stören nicht). 5–10 Minuten bei mittlerer Hitze anbraten, bis das Gemüse weich ist und etwas Farbe angenommen hat.

Den Speck und das Fleisch (und eventuellen Bratensaft) in die Form zurückgeben. Gut verrühren, dann die Brühe und die Worcestershire-Sauce hinzugießen. Das Fleisch sollte weitgehend von Flüssigkeit bedeckt sein. Falls das nicht der Fall ist, mit zusätzlicher Brühe oder Wasser aufgießen, es dürfen aber kleine Teile herausragen.

Die Brühe bei hoher Hitze zum Kochen bringen. Sobald sie kocht, die Form vom Herd nehmen, zudecken und für 2 Stunden im vorgeheizten Ofen schmoren.

Nach 2 Stunden den Deckel entfernen und 1 weitere Stunde schmoren. Auf diese Weise dickt die Sauce ein.

Nach dieser Zeit sollte das Fleisch zerfallen, das Gemüse weich und die Sauce klebrig und dickflüssig sein. Wenn das Fleisch noch nicht so weit ist, noch etwas länger schmoren lassen. Man kann das Gericht auch auf niedriger Stufe den ganzen Tag über in einem Niedrigtemperaturgarer kochen.

Für den Eintopf die weißen Bohnen mit der Milch pürieren, bis der Brei sehr glatt ist.

Den fein gehackten Grünkohl in einem Topf bei mittlerer Hitze 1–2 Minuten unter Rühren blanchieren, bis er weich wird. Das Bohnenpüree und die Frühlingszwiebeln unterrühren und erwärmen. Dabei aufpassen, dass nichts anbrennt. Falls der Eintopf zu trocken wirkt oder leicht anlegt, einige EL Wasser oder Milch hinzufügen. Mit Salz und Pfeffer abschmecken.

Das Schmorfleisch auf dem Eintopf verteilen und mit Petersilie garnieren.

SCHMORHUHN
MIT WEISSEN BOHNEN,
SENF UND CIDRE

4 Portionen

Das Originalrezept dieses Gerichts beinhaltet eigent-lich Kaninchen. Ich dagegen habe alle Geschmacks-richtungen der Normandie zusammengesucht und sie in einem Topf vereint. Das Besondere liegt in dem Kon-trast zwischen der Schärfe des Senfes und der Süße des Apfelcidres. Außerdem weiß ich, dass die Hälfte von Ihnen weiterblättert, wenn das Rezept damit beginnt: „Entbeinen Sie das Kaninchen ...". Also habe ich das Rezept für Sie abgeändert. Ich habe es aber auch für meine Doppelgängerin gemacht. Es gibt näm-lich noch eine Tori. Wir saßen drei Jahre lang zusam-men in einem schiefergrauen und Pantone-485-roten Büro. Wir waren damals beide Ende zwanzig, zwei Frauen mit demselben Job und demselben Vornamen. Wir haben an aufeinanderfolgenden Tagen Geburtstag, dieselben Initialen, identische Sommersprossen auf dem rechten Ohr und eine makabre Faszination für Haie. Tori hat ein Kaninchen namens Rudy, der eine große Liebe in ihrem Leben ist. Aus Respekt für die beiden kann ich hiermit versichern, dass dieser kohlenhydratarme Eintopf mit Hähnchenschenkeln genauso gut funktioniert wie mit einem armen Häschen. Uff.

1 EL Olivenöl
6 Hähnchenschenkel, mit Knochen, ohne Haut
2 Streifen Räucherspeck, in dünne Streifen geschnitten
4 große Schalotten oder 2 Zwiebeln, gehäutet und in dünne
   Halbmonde geschnitten
1 Knoblauchzehe, gehäutet und in dünne Scheiben
   geschnitten
4 frische Thymianzweige
8 Dörrpflaumen, entkernt
300 ml Apfelcidre
400 g weiße Bohnen aus der Dose, gewaschen
½ EL Dijon-Senf
1 EL Crème fraîche (optional)
Meersalz und frisch gemahlener schwarzer Pfeffer

Den Ofen auf 180 °C vorheizen.

Das Olivenöl in eine feuer- und ofenfeste Form geben und darin bei mittlerer Hitze die Hähnchenschenkel von beiden Seiten anbraten, bis sie leicht golden gebräunt sind. Das Fleisch aus der Form nehmen und beiseite stellen.

In derselben Form den Speck etwa 1 Minute anbraten, bis das Fett ausläuft und die Streifen knusprig werden. Die Schalotten oder Zwiebeln, den Knoblauch und einige Thymianblättchen hinzufügen und 5–7 Minuten an-braten, bis die Schalotten weich sind.

Die gebräunten Hähnchenschenkel und die Dörrpflau-men in die Form geben. Den Cidre dazugießen und die Hitze hochdrehen. Zum Kochen bringen und mit einem Löffel eventuell angelegte Aromastoffe vom Boden kratzen.

Die Bohnen, den Senf und den restlichen Thymian hinzufügen. Die Hähnchenschenkel sollten halbhoch mit Flüssigkeit bedeckt sein. Falls das nicht so ist, noch etwas Wasser nachgießen. Zudecken und im vorge-heizten Ofen 1 ½–2 Stunden schmoren. Das Fleisch sollte sich leicht vom Knochen lösen lassen und die Sauce klebrig und reichhaltig sein.

Das Hähnchenfleisch auf der Zwiebel-Bohnen-Mischung servieren. 1 Klecks Crème fraîche hinzufügen, falls es etwas reichhaltiger sein soll. Mit Salz und Pfeffer abschmecken.

PILZE MIT QUINOA-FÜLLUNG

2 Portionen

Beim Essen kann man wunderbar Menschen zusammenbringen, so dass sich alle aufgenommen, gemocht und respektiert fühlen. Das funktioniert eigentlich immer, außer Sie haben zu einem weihnachtlichen Festessen eingeladen und dafür einen Truthahn mit Brot und Wurstbrät gefüllt und stellen dann fest, dass sich unter Ihren Gästen ein Vegetarier, jemand mit Glutenunverträglichkeit und ein Paar, das auf weiße Kohlenhydrate verzichten möchte, befinden. Mit folgendem Gericht können Sie dieses Horrorszenario vermeiden. Hier wird kein Vogel, sondern ein Pilz gefüllt. Quinoa ersetzt das Brot und zwei verschiedene Käsearten machen das Ganze herzhaft. Dazu kommen noch verschiedene erdige Genüsse: Rosmarin, Knoblauch, gedünsteter Spinat und für etwas Süße ein paar getrocknete Blaubeeren. Wenn man kleine Champignons verwendet, ist es eine wunderbare Vorspeise oder mit mittelgroßen Pilzen eine Beilage. Direkt vor dem Servieren werden sie noch mit einem Klecks Crème fraîche garniert, und jeder fühlt sich an Ihrem Tisch willkommen.

2 große Champignons (insgesamt etwa 250 g)
2 EL Olivenöl
2 Knoblauchzehen, gehäutet und in feine Scheiben
  geschnitten
2 TL frische Rosmarinnadeln, fein gehackt
45 g Quinoa, in 125 ml Wasser 15 Minuten gekocht,
  bis sie aufgequollen ist (oder 120 g gekochte Quinoa)
80 g Babyspinat, grob gehackt
30 g Parmesan, gerieben
60 g weicher Ziegenkäse
3 EL getrocknete Blaubeeren
2 EL Mandelblättchen
2 EL Kürbiskerne
Crème fraîche und frisch gemahlener schwarzer Pfeffer
  zum Servieren

Den Ofen auf 180 °C vorheizen.

Die Stiele der Pilze herausdrehen und fein hacken, beiseite stellen. Die Pilze mit der Unterseite nach oben auf ein Backblech legen.

Das Olivenöl in eine Pfanne geben und bei mittlerer Hitze den Knoblauch und den Rosmarin leicht anbraten, bis sie weich werden. Dann die gewürfelten Pilzstiele hinzufügen und braten, bis alles weich ist.

Die gekochte Quinoa und den Spinat dazugeben und unter Rühren dünsten, bis der Spinat zusammenfällt. Die beiden Käse und die getrockneten Blaubeeren hinzufügen. Unter Rühren erwärmen, bis der Käse geschmolzen ist und sich mit der Quinoa und dem Spinat vermischt hat. Mit der Mischung die Pilze füllen. Mandelblättchen und Kürbiskerne darüberstreuen.

Die gefüllten Pilze im vorgeheizten Ofen etwa 25 Minuten backen, bis sie durch und die Mandelblättchen geröstet sind. Mit einem Klecks Crème fraîche und etwas schwarzem Pfeffer servieren.

Tipp: *Falls Sie keine getrockneten Blaubeeren finden, können Sie diese durch getrocknete Cranberrys oder Rosinen ersetzen. An Stelle von Kürbiskernen können Sie auch einfach mehr Mandelblättchen oder ein paar Pinienkerne verwenden. Diese Pilze können frühzeitig vorbereitet und mit Frischhaltefolie bedeckt im Kühlschrank aufbewahrt werden. Kurz vor dem Servieren die Folie entfernen und im Ofen backen.*

Es gab einmal eine Zeit, da waren leckere Nachspeisen für mich das Höchste. Es gab nichts Schöneres als ein köstliches Dessert. Die Sorten mit Brot und Butter, sommerlichen Beeren, klebrigem Karamell und köstlicher Zitrone waren meine Lieblinge. Es kostete mich einiges an Überwindung, nicht jedes Mal noch einen Nachschlag zu verspeisen.

Heutzutage freue ich mich auf Nachspeisen, die etwas leichter sind. Das kann Steinobst in einer Clafoutis mit Mandeln sein, die würzige Wärme von pochierten Pfirsichen mit Zimt oder Rhabarberkuchen mit einem kohlenhydratarmen Belag. Diese Leckereien erfreuen mich heute. Und ich liebe diese Desserts, weil sie sowohl für mich als auch für meine Freunde mit Glutenunverträglichkeit funktionieren. Ihre Zubereitung ist zum Großteil ein Kinderspiel (in der Schokomousse stecken nur 3 Zutaten, und der Teig für den Kastenkuchen ist in einem Mixer in 4 Minuten gemacht) und ich fühle mich einfach gut damit. Zugegeben, es steckt schon etwas Zucker und gelegentlich auch ein Stückchen Schokolade drin. („Der Hungrige" würde sagen, ein Leben ohne Schokolade ist kein Leben.)

Ich möchte auch gar nicht vorschlagen, dass Sie sich jeden Abend ein Dessert gönnen sollen. Das hier sind Rezepte für einen gemütlichen Samstagabend oder eine Feier. Und bei jedem einzelnen von ihnen kratze ich noch den letzten Rest vom Teller.

DESSERTS, DIE LUST AUF MEHR MACHEN

EIERCREME MIT SCHOKO-HASELNUSS-KEKSEN

4 Portionen Eiercreme und 16–18 Kekse

Mein Gatte, „der Hungrige", ist ein Mann mit klaren Vorlieben und Favoriten. Er liebt Kaffee – vielleicht etwas zu sehr. Aber interessanterweise ist ihm die Konsistenz eines Essens am wichtigsten. Und bei Keksen ist es für ihn entscheidend, wie sie sich beißen lassen. Diese Schoko-Haselnuss-Kekse sind die ultimative Köstlichkeit für ihn. Sie schmecken intensiv nach Kakao und ziehen leicht an den Zähnen. Ihre Zusammensetzung ist quasi magisch: kein Mehl, keine Butter und keine Treibmittel, nur Eiweiß, Kakao und Puderzucker, ein paar Nüsse zum Knuspern und etwas Salz, das sie ganz besonders macht. Und dann braucht man noch etwas Leckeres, um sie hineinzutunken. Wenn Sie Gäste haben, können Sie die Eiercreme gut vorbereiten und in der Zwischenzeit kalt stellen. Sie ist kinderleicht zu machen und hat den großen Vorteil, dass man dafür die von den Keksen übrig gebliebenen Eigelbe aufbraucht. Das ist insofern sehr gut, denn eines der wenigen Dinge, die „der Hungrige" nicht mag, ist Verschwendung.

Schoko-Haselnuss-Kekse

4 Eiweiß
3 Prisen Salz
100 g Kakaopulver
280 g Puderzucker
155 g Haselnüsse, blanchiert, grob gehackt (eventuell ein paar ganze Haselnüsse zum Dekorieren aufbewahren)

Eiercreme

300 ml Milch
60 ml Espresso oder 2 EL starken Kaffee (auch entkoffeiniert möglich)
4 Eigelb
1 Ei
110 g Zucker
kochendes Wasser
20 g dunkle Schokolade, geraspelt

Zubehör

Blech, mit Backpapier belegt; 4 Auflaufförmchen (200 ml), eingefettet

Für die Kekse den Ofen auf 180 °C vorheizen.

Die Eiweiße mit einer Prise Salz in einer sehr sauberen Schüssel mit einem Handrührgerät bei mittlerer Stufe 2 Minuten schlagen, bis das Eiweiß schäumt. Langsam das Kakaopulver und den Puderzucker hineinrieseln lassen und weitere 2–3 Minuten schlagen, bis eine glänzender, gründlich vermischter, steifer Teig entstanden ist. Vorsichtig die Haselnüsse unterheben.

Mit einem Esslöffel den Teig portionieren und in Häufchen auf das Blech setzen, dabei 2–3 cm Abstand lassen, damit die Kekse beim Backen Platz zum Aufgehen haben. Nach Wunsch mit je 1 ganzen Haselnuss dekorieren. Das restliche Salz über die Teighäufchen streuen. Im vorgeheizten Ofen 20 Minuten backen, bis die Oberfläche Sprünge bekommt und sich die Kekse leicht vom Blech lösen lassen.

Falls sie festkleben, für einige weitere Minuten backen. Auf einem Drahtgitter abkühlen lassen, in der Zwischenzeit die Eiercreme zubereiten.

Die Ofentemperatur zurückschalten auf 160 °C. Die vorbereiteten Auflaufförmchen in eine feuerfeste Form stellen.

Die Milch und den Espresso in einem kleinen Topf bei niedriger Hitze zum Köcheln bringen.

In einer Schüssel das Eigelb, das Ei und den Zucker verquirlen, bis sich der Zucker aufgelöst hat und die Mischung blassgelb ist. Ein Viertel der heißen Milch-Kaffee-Mischung hinzufügen und gut vermischen, dann den Rest der Mischung auf einmal hineinfließen lassen. Das Ganze sollte nicht zu schaumig werden.

Die Eiercreme durch ein Sieb in einen Krug streichen. Dabei allen Schaum abschöpfen. Auf die 4 Förmchen in der feuerfesten Form verteilen. In die ofenfeste Form kochendes Wasser gießen, so dass die Förmchen bis zur Hälfte im Wasser stehen.

Die Eiercreme 45 Minuten garen, bis das Innere nur noch wackelt, wenn man leicht am Förmchen rüttelt. Vor dem Servieren 1 Stunde kalt stellen. Dunkle Schokolade darüberraspeln und die Kekse zum Eintunken dazu reichen.

TARTA DE SANTIAGO MIT CLEMENTINEN

6–8 Portionen

Die Tarta de Santiago lernte ich in den Gassen von Madrid kennen, aber lieben lernte ich sie erst auf Londons Borough Market. Es gibt wenig Schöneres, was man sich an einem Donnerstagnachmittag gönnen kann, als eine Tasse Cappuccino mit einem Stück Mandelkuchen ohne Mehl aus der Glastheke eines Brindisa Feinkostladens. Oft ertappe ich mich dabei, wie ich über die Themse zu St. Paul's hinüberblicke und mir dabei immer noch Zimt und Zuckerguss von den Fingerspitzen lecke. Das Leben kann manchmal so süß sein! Eine originale Tarta de Santiago schmeckt nach Orange, aber ich finde, dass das Aroma der Clementine genial passt. Pochierte Clementinenspalten zum Kuchen serviert sind einfach wunderbar. Und der Sirup ist eine klebrige Köstlichkeit. (Eventuelle Reste lassen sich jederzeit zu einem Cocktail verarbeiten. Versuchen Sie doch mal einen Spritzer davon mit Gin und Campari geschüttelt und auf Eis genossen.)

5 Eier
220 g Zucker
250 g Mandeln, gemahlen
geriebene Schale von 1 Bio-Clementine oder -Mandarine
½ TL Zimt, gemahlen

Pochierte Clementinen
6 Bio-Clementinen
600 ml Wasser
250 g Zucker

Zum Servieren
Puderzucker, zum Bestäuben, 25 g Mandeln, grob gehackt
  und Joghurt

Zubehör
eine Springform (23 cm Durchmesser), eingefettet
  und mit Backpapier ausgelegt

Die Clementinen waschen und oben, unten und außenherum fünfmal mit einer Gabel einstechen.

Einen Topf verwenden, der so groß ist, dass alle Clementinen hineinpassen. Das Wasser und den Zucker darin bei niedriger Hitze unter Rühren erwärmen, bis sich der Zucker aufgelöst hat. Die Clementinen hineingeben und unbedeckt 30–45 Minuten köcheln, dabei die Früchte gelegentlich durchmischen. Sie sind fertig, wenn die Schale sehr weich ist und sich mit einer Gabel leicht durchstechen lässt. Die Clementinen im Sirup abkühlen lassen, bis man sie in die Hand nehmen kann.

Die Früchte schälen, zerteilen und sichtbare Kerne entfernen. Die Spalten in eine Schüssel legen und die Schalen in den Sirup zurückgeben. Den Sirup weitere 20 Minuten köcheln, bis er um die Hälfte eingedickt ist. Die Schalen entweder fein schneiden und im Sirup belassen oder entfernen und wegwerfen.

Den Ofen auf 180 °C vorheizen.

Die Eier und den Zucker in einer Schüssel mit dem Handrührgerät schlagen, bis eine dicke, blassgelbe Masse entsteht. Die gemahlenen Mandeln, die frische Clementinen- oder Mandarinenschale und den Zimt unterheben.

Die Mischung in die Springform gießen und im vorgeheizten Ofen 40–45 Minuten backen, bis an einem Stäbchen, das man in die Mitte sticht, kein Teig mehr kleben bleibt. Den Kuchen auf einem Gitterrost 10 Minuten etwas abkühlen lassen, ehe er aus der Form genommen wird.

Den Kuchen mit Puderzucker bestäuben, mit pochierten Clementinenspalten belegen, mit warmem Sirup beträufeln und mit gehackten Mandeln und etwas Joghurt garnieren. Warm servieren.

Tipp: Außer Clementinen eignen sich auch Zitronen, Limetten oder Orangen für dieses Rezept. Für eine weihnachtliche Note die Menge an Zimt verdreifachen und etwas gemahlenen Ingwer und Piment hinzufügen.

PANNA COTTA
AUS JOGHURT MIT
POCHIERTEN ZIMT-BIRNEN

4 Portionen

Diese geschmorten Birnen mit Zimt sind so romantisch wie ein Spaziergang über raschelnde gelbe Blätter. Dazu gehört unbedingt ein eleganter Begleiter. Besser als schwere Sahne oder milchiger Joghurt passt eine Panna Cotta. Vor allem kann man sie wunderbar vorbereiten und muss sich bis zum Servieren keine Gedanken mehr darum machen. Zum Pochieren der Birnen eignen sich feste Früchte besser, weil sie den aromatisierten Sirup gut aufsaugen und trotzdem ihre Form behalten. Wenn Sie sich Sorgen machen, wie Sie die Panna Cotta aus den Förmchen herausbekommen sollen, kann ich Ihnen einen Trick verraten: Fetten Sie die Kunststoffförmchen mit etwas neutral schmeckendem Öl leicht ein, ehe Sie die Masse einfüllen. Dann sollte sie später leicht aus der Form gleiten. Ansonsten können Sie die Panna Cotta auch in kleine Schälchen setzen und mit Obst und Sirup servieren.

Panna Cotta aus Joghurt
200 ml flüssige Sahne
50 g Zucker
2 Gelatineblätter
275 g Joghurt
1 TL Öl (neutraler Geschmack)

Zimt-Birnen
1 l Wasser
220 g brauner Zucker
2 Zimtstangen
4 Birnen, geschält, entkernt und geviertelt
4 EL Walnüsse, grob gehackt

Zubehör
4 Plastikbecher oder flache Schälchen

Mit der Zubereitung der Panna Cotta mindestens 4 Stunden vor dem Servieren beginnen. Dazu die Sahne und den Zucker in einem Topf bei niedriger Hitze unter Rühren zum Köcheln bringen, bis sich der Zucker aufgelöst hat.

In der Zwischenzeit die Gelatineblätter in einer Schüssel mit kaltem Wasser einige Minuten einweichen, bis sie biegsam und glitschig sind.

Die eingeweichten Gelatineblätter gründlich ausdrücken und dann zu der warmen Sahne hinzufügen. Mit einem Schneebesen schlagen, bis sich die Gelatine aufgelöst hat. Den Joghurt vorsichtig unterrühren, bis die Masse glatt ist.

Das Innere der Plastikschälchen mit einem mit Öl getränkten Stück Küchenrolle einfetten. Wenn die Panna Cotta hingegen in flachen Schälchen serviert wird, muss man diese nicht einölen. Die Panna Cotta-Mischung in die Schälchen gießen und mindestens 4 Stunden oder über Nacht kalt stellen.

Für die Zimt-Birnen einen Topf verwenden, der so groß ist, dass alle Birnen darin Platz haben. Darin das Wasser, den Zucker und die Zimtstangen bei mittlerer Hitze zum Köcheln bringen, bis sich der Zucker aufgelöst hat.

In der Zwischenzeit ein Backpapier auf die Größe des Topfes zuschneiden und in der Mitte ein kleines Loch ausschneiden. Die Birnen mit in den Topf geben und mit dem Papier abdecken. Ohne Deckel 15–25 Minuten köcheln, bis eine Messerspitze leicht in die Birnen eindringt. Dann die Birnen herausnehmen und den Sirup bei hoher Hitze kochen, bis er um die Hälfte reduziert ist.

Direkt vor dem Servieren die Panna Cotta aus der Form lösen. Dazu mit dem Zeigefinger die Panna Cotta leicht vom Rand ziehen, so dass Luft eindringt und sie sich insgesamt löst. Einen Teller auf die Form legen, zusammen umdrehen und die Panna Cotta vorsichtig auf den Teller stürzen. Mit Sirup beträufeln und mit Birnen und Walnüssen servieren.

Tipp: *Die Abdeckung mit Backpapier hat den Sinn, dass die Birnen mit Sirup bedeckt bleiben, was ihnen mehr Festigkeit gibt.*

TRIFLE MIT CHIA, MANGO, KOKOS UND MACADAMIA-NÜSSEN

4 Portionen

Wenn ich den Geschmack des Sommers in Sydney auf den Punkt bringen sollte, so wäre es wohl der verirrte Tropfen aus einer reifen Mango, der einem bis zum Ellbogen hinunterläuft. Während man ihn ableckt, hat man einen schwachen Kokosgeruch von der Sonnencreme in der Nase. Wenn Sie, wie ich, diese Kombination manchmal so sehr vermissen, dass es wehtut, dann könnte Ihnen dieses Dessert helfen. Es wird in Gläser geschichtet, und ich verwende die etwas größeren Chiasamen anstelle einer Eiercreme oder eines Kuchenteiges. Litschis und Macadamia-Nüsse machen die Konsistenz interessant, aber der eigentliche Star ist die Mango. Natürlich schmeckt es mit einer reifen Frucht am besten, aber ich verrate Ihnen hier ein Geheimnis: Diese Nachspeise ist durchaus auch etwas für graue Tage, wenn man nur noch Dosen zu Hause hat. Man zaubert sie aus einer Dose Mangoscheiben, einer Dose Kokosmilch und einer Dose Litschis. Das Obst abtropfen, alles vermischen, pürieren und servieren. Ein winziger Aufwand für ein tolles Ergebnis. Diese Köstlichkeit eignet sich übrigens auch für einen Brunch oder ein großes Frühstück.

70 g Chiasamen
400 ml Kokosmilch
425 g Mangoscheiben aus der Dose, abgetropft
  oder 2 mittlere Mango, geschält und entkernt
425 g Litschi aus der Dose, abgetropft oder 20 Litschi,
  geschält und entkernt
2 EL Macadamia-Nüsse, grob gehackt

Die Chiasamen und die Kokosmilch vermischen.

Mit einem Stabmixer drei Viertel der Mango pürieren, bis sich eine glatte Paste ergibt. Die restliche Mango in Scheiben schneiden und die Litschi halbieren und beiseite stellen.

Das Mangopüree mit der Chia-Kokosmilch verrühren und die Hälfte der Mischung in 4 Gläser portionieren.

Darauf je eine Schicht aus Mangoscheiben und eine Schicht aus Litschihälften verteilen. Mit dem Rest der Kokosmischung bedecken. Anschließend 2 Stunden kaltstellen. Direkt vor dem Servieren mit den restlichen Mangoscheiben, den Litschihälften und den Macadamia-Nüssen dekorieren.

TUTTI-FRUTTI-CLAFOUTIS

4 Portionen

Ein Clafoutis ist ein Mittelding zwischen Auflauf und Kuchen. Es ist eine französische Nachspeise, die traditionellerweise aus Kirschen mit Kern gemacht wird. Mit Kirschen schmeckt es auf jeden Fall köstlich, aber ich habe Lust auf ein buntes Tutti-Frutti-Rezept. Sie können nach Lust und Laune Steinobst kombinieren: Nektarinen, Pfirsiche, Aprikosen, Kirschen und Pflaumen, alles ist möglich. Entweder machen Sie es in vier kleinen Pfännchen oder Sie backen eine große Portion und verteilen Stücke davon, mit zerschmelzendem Vanilleeis darüber. Es ist ein einfaches Dessert für eine kleine Gruppe oder ein schöner Bestandteil eines Brunchs. Am besten schmeckt es heiß, aber man kann die Reste genauso gut am nächsten Tag kalt mit Joghurt essen.

80 g Mandeln, gemahlen
2 EL Maismehl
4 EL Zucker
250 ml Vollmilch
2 Eier, leicht geschlagen
2 Eigelb
600 g gemischtes Steinobst (z.B. Pflaumen, Pfirsiche,
  Nektarinen, Aprikosen, Kirschen)
20 g Butter
1 Handvoll Mandelblättchen

<u>Zum Servieren</u>
Eiscreme oder Joghurt (optional)

<u>Zubehör</u>
eine beschichtete Pfanne (23 cm Durchmesser) oder eine
  Tortenform

Den Ofen auf 200 °C vorheizen.

Die gemahlenen Mandeln, das Maismehl und die Hälfte des Zuckers mit der Milch, den geschlagenen Eiern und den Eigelben verrühren, bis ein glatter Teig entsteht.

Das Obst entkernen und halbieren oder in mundgerechte Stücke schneiden. In der Pfanne oder Form verteilen, die Butter in Stückchen daraufgeben und den restlichen Zucker darüberstreuen. Im vorgeheizten Ofen 10 Minuten backen, bis das Obst weich ist. Die Form aus dem Ofen nehmen, den Herd aber eingeschaltet lassen.

Den Teig über das gebackene Obst gießen, die Mandelblättchen darüber verteilen und im Ofen weitere 20 Minuten backen, bis das Clafoutis aufgegangen ist und die Mandelblättchen gebräunt sind.

Das Clafoutis warm mit Eiscreme essen – oder als Frühstück kalt mit Joghurt.

TÖRTCHEN MIT ERDNUSSBUTTER UND MARMELADE

12 Törtchen oder 6 Portionen
(für die meisten Leute ist es fast unmöglich nur 1 zu essen)

Lange Zeit habe ich nicht verstanden, worin der Reiz von Erdnussbutter mit Gelee oder Marmelade liegt. Die Klebrigkeit des Ganzen schreckte mich ab. Doch irgendwann kapierte ich, dass man Süße mit einem Hauch Salz kontrastieren muss. Das ist eines der großen Geheimnisse des Universums, es rückt alles in die richtige Balance und funktioniert auch in diesem Fall. Nach Geschmack kann man auch die Oberfläche dieser trügerisch leichten Törtchen mit etwas Salz bestreuen. Damit verstärkt man die Süße der Beeren, die sich darin verstecken. Mit einem Klecks Marmelade und ein paar gerösteten Erdnüssen servieren und dazu vielleicht noch etwas Sahne oder Eiscreme.

4 Eier
260 g grobe Erdnussbutter
115 g Zucker
1 EL Meersalzflocken
60 ml pflanzliches Öl
½ TL Natriumbikarbonat (Natron)
½ TL Backpulver
125 ml Milch
70 g Himbeeren, frisch oder gefroren

Zum Servieren
¼ Tasse Himbeermarmelade, gewärmt, mit etwas Wasser
    verdünnt, 2 EL Erdnüsse, geröstet und Vanilleeiscreme

Zubehör
12er-Muffin-Form, eingefettet und bemehlt

Den Ofen auf 180 °C vorheizen.

Alle Zutaten außer den Himbeeren in einer Schüssel verrühren, bis sie sich gut vermengt haben und eine glatte Masse bilden. Die Mischung in die Förmchen verteilen.

Die Himbeeren gleichmäßig auf die Förmchen verteilen und vorsichtig in die Mischung drücken.

Die Törtchen im vorgeheizten Ofen 20 Minuten backen, bis sie golden und gut aufgegangen sind und an einem Stäbchen, das man in die Mitte sticht, kein Teig mehr kleben bleibt (außer etwas Himbeere).

Die Törtchen in den Förmchen 5 Minuten abkühlen lassen, dann einzeln vorsichtig herauslösen. Zum Servieren mit etwas flüssiger Marmelade beträufeln und mit gerösteten Erdnüssen bestreuen. Dazu etwas Vanilleeiscreme reichen.

SALZBURGER NOCKERL ODER „BEEREN UND WOLKEN"

4 Portionen

In Salzburg leben nur 150.000 Menschen, aber es pilgern im Jahr mehr als 300.000 Musikbegeisterte dorthin. Bestimmt geht es den meisten von ihnen vor allem darum, Mozarts Geburtshaus zu sehen. Andere wollen im wohl ältesten Restaurant Europas (aus dem Jahr 803) speisen, dazu ein Stiegl Bier trinken und an einem schönen Tag an der Donau entlang flanieren. Aber in Wahrheit geht es den meisten darum, einen knusprigen Apfelstrudel oder ein saftiges Schnitzel zu essen. Wenn Sie genug do-re-mi geträllert und hoffentlich keinen Zuckerschock bekommen haben (vom Essen und dem Amadeus-Film), dann gibt es immer noch die Option, sich Salzburger Nockerl als Dessert zu gönnen. Diese Spezialität besteht aus Himbeeren (ich dagegen habe mich für Blaubeeren entschieden) und luftigen Teig-Wölkchen. Der Teig wird dabei zu drei Spitzen aufgetürmt, welche die Berge rund um Salzburg symbolisieren sollen. Dieses Dessert serviert man am besten warm mit etwas Vanillesauce. Anschließend ist man wahrscheinlich nicht mehr in der Lage, einen Berg zu bezwingen. Aber ein kleiner Spaziergang auf einen Hügel hilft, diese Völlerei wiedergutzumachen.

450 g Blaubeeren
½ Bio-Zitrone, geriebene Schale und Saft
50 g Puderzucker, plus etwas zum Bestäuben
7 Eier, getrennt
1 Prise Salz
70 g Zucker
1 ½ EL Maismehl

Zum Servieren
Vanillesauce (optional)

Zubehör
Auflaufform (20 cm), eingefettet

Den Ofen auf 180 °C vorheizen.

Die Beeren, die Zitronenschale und den -saft in die eingefettete Auflaufform geben und mit dem Puderzucker bestäuben.

Das Eiweiß und das Salz in einer sehr sauberen Schüssel mit einem Handrührgerät schlagen, bis es schaumig wird. Löffelweise 50 g Zucker hinzufügen und jedes Mal gut verrühren. Weiterschlagen, bis sich das Eiweiß vervierfacht hat und so fest ist, dass es auch in Form bleibt, wenn man die Schüssel verkehrt herum hält (Wenn Sie sich trauen, auch über Ihrem Kopf!).

Die Eigelbe und den restlichen Zucker in einer separaten Schüssel verrühren, bis die Masse flaumig ist. Das Maismehl unterrühren, bis es gut eingearbeitet ist. Schließlich diese Mischung vorsichtig auf drei Mal mit einem Metalllöffel unter den Eischnee heben. Dabei sollte so viel Luft wie möglich im Teig verbleiben.

Den Teig in drei Wellen auf die Beeren verteilen, so dass er den drei Bergen rund um Salzburg ähnelt.

Die Nachspeise im vorgeheizten Ofen 30 Minuten backen, bis sich eine leichte Kruste gebildet hat, das Innere nicht mehr flüssig ist und an einem Stäbchen, das man in die Mitte sticht, kein Teig mehr kleben bleibt. Den Ofen ausschalten und die Nockerl bei geschlossener Ofentür weitere 15 Minuten ruhen lassen. Mit etwas Puderzucker bestäuben und nach Geschmack etwas Vanillesauce dazu reichen. Anschließend sofort servieren.

PARFAIT
MIT PASSIONSFRUCHT
UND HIMBEEREN

8 Portionen

Dieses Parfait katapultiert mich sofort in ein austra-lisches Weihnachtsfest, wenn die Luft schwül ist und die Haare vom Schwimmen im Pool noch feucht sind. Meine Mutter zauberte immer eine Version davon, die mit Beeren gespickt und mit gerösteten Nüssen bestreut war. Es bildete stets den krönenden Abschluss unseres weihnachtlichen Festessens. Bis heute existiert dieses Rezept auf drei Papierfetzen gekritzelt und liegt 50 Wochen im Jahr in einer Schublade in ihrem Haus, zusammen mit Goldpapier und roten Schleifenresten. Meine Fassung ist etwas sonniger und vermischt Passionsfrucht-Sauce mit gekühltem Ricotta und geschlagener Sahne. Entweder arbeitet man die gesamte Sauce ein oder man behält etwas zurück und übergießt damit das Parfait oder rührt sie am nächsten Tag durch einen Joghurt. Frühstück am Weihnachtsmorgen hat selten so lecker geschmeckt.

Passionsfrucht-Sauce

4 Eigelb
115 g Zucker
100 ml Zitronensaft
1 Zitrone, geriebene Schale
2 Passionsfrüchte, das Fruchtfleisch herausgeholt
60 g Butter

Parfait

400 g Ricotta
165 g Zucker
300 ml Schlagsahne
100 g türkischer Honig, gehackt
100 g Himbeeren, frisch oder gefroren
¾ Tasse Passionsfrucht-Sauce, gekühlt (siehe unten)

Zubehör

Kastenform (20 x 12,5 cm), Boden und Seiten doppelt
   mit Backpapier ausgeschlagen

Für die Passionsfrucht-Sauce die Eigelbe und den Zucker verquirlen, bis die Mischung schaumig ist. In einem Topf mit den übrigen Zutaten vermischen und bei niedriger bis mittlerer Hitze erwärmen. Rühren, bis die Mischung wie eine Mayonnaise eindickt. Falls sich Klumpen bilden, durch ein Sieb streichen, ehe man sie zum Kühlen in Gläser gießt.

Für das Parfait den Ricotta und den Zucker verquirlen, bis die Mischung glatt ist. In einer anderen Schüssel die Sahne schlagen, bis sie steif ist. Alle Zutaten vermischen und eine ¾ Tasse der Passionsfrucht-Sauce hineinrühren, so dass sich farbige Wellen bilden.

Die Mischung in die vorbereitete Kastenform löffeln und 6–8 Stunden einfrieren. Zum Servieren das Parfait aus der Form stürzen, in Scheiben schneiden und auf einer Platte anrichten. Aufgeschnitten für 30 Minuten kalt stellen, damit die Scheiben zum Servieren die richtige Konsistenz haben. Die restliche Passionsfrucht-Sauce über die Scheiben gießen.

<u>Tipp</u>: *Diese Nachspeise muss mindestens 6 Stunden vor dem Servieren zubereitet werden. Am besten vor dem Aufschneiden 15–20 Minuten im Kühlschrank weich werden lassen.*

GEBACKENE PFIRSICHE MIT RICOTTA-FÜLLUNG

2 kleine Portionen für ein leichtes Dessert
(ansonsten nach Bedarf die Mengen vergrößern)

In meinem Repertoire gibt es viele Rezepte, die von einem bestimmten Ort inspiriert wurden. Sie entfachen Erinnerungen an wundervolle Zeiten in weiter Ferne. Und dann gibt es andere Rezepte, die eher eine essbare Mahnung sind, es eines Tages noch dorthin zu schaffen. Für mich ist dieser Ort die Amalfi-Küste, und dieses Gericht drängt mich, dorthin zu reisen. Jedes Mal, wenn ich süße Pfirsiche backe und ihren Bauch mit muskat-schwangerem Ricotta fülle, stelle ich mir vor, wie ich durch die steilen Gassen von Positano schlendere. Ich verspeise diese Pfirsiche vielleicht gerade in meinem Pyjama zu Hause, aber in Gedanken bin ich ganz weit weg.

1 großer Pfirsich (oder 2 kleine), halbiert und entkernt
3 EL Ricotta
1 EL brauner Zucker
½ TL Zimt, gemahlen
½ TL Muskat, gemahlen

Zum Servieren
Honig, 1 EL gehackte Pistazien und Joghurt oder
  Crème fraîche (optional)

Den Ofen auf 180 °C vorheizen.

Mit einem Melonenportionierer den Pfirsich in der Mitte etwas weiter aushöhlen. Die Pfirsichhälften mit der aufgeschnittenen Seite nach oben in zwei kleinen Schälchen auf ein Blech stellen.

Den Ricotta, den Zucker und die Gewürze vermengen. Mit der Mischung die Pfirsiche füllen. Die Pfirsiche im vorgeheizten Ofen 15–20 Minuten backen, bis der Ricotta braun geworden ist und die Pfirsiche weich sind.

Die Pfirsiche entweder warm oder bei Zimmertemperatur servieren. Mit Honig beträufeln und mit Pistazien bestreuen. Dazu passen gut Joghurt oder Crème fraîche.

KUCHEN AUS SCHOKOLADE, SCHWARZEN BOHNEN UND KIRSCHEN

8–10 Stücke

Wegen dieser beiden Kuchen habe ich einen missionarischen Eifer entwickelt. Und warum? Weil es die einfachsten Kuchen sind, denen ich je begegnet bin. Sie haben einen Mixer oder eine Küchenmaschine? Sie haben eine Kastenform? Sie haben einen Ofen? Perfekt. Diese Kuchen kommen ohne Mehl aus, also sind sie auch für Ihre Freunde, die glutenfrei essen, geeignet. Und die beiden Kuchen zusammen bilden die zwei Seiten einer Medaille. Der erste Kuchen ist dunkel mit Schokolade und befriedigt sogar die verrücktesten hormonellen Gelüste. Der zweite ist engelsgleich mit Rosenwasser, Mandeln und Himbeeren. Die beiden sind meine Notfallkuchen, die sich Woche um Woche abwechseln. Man kann sie warm mit Crème fraîche oder Schlagsahne servieren. Und sie sind so fest, dass man sie in einer Brotzeitbüchse transportieren kann. Außerdem sind sie nicht so kalorienreich, dass man sich nicht nachmittags zum Tee ein Stück gönnen könnte, nachdem man zur Post gegangen ist. Ich will jetzt wirklich nicht übertreiben, aber es könnte sein, dass diese Kuchen Ihr Leben verändern.

400 g schwarze Bohnen aus der Dose, gewaschen
3 Eier
100 g Zucker
30 ml Espresso oder 1 EL starker Kaffee (nach Geschmack auch entkoffeiniert)
3 EL Kakaopulver
1 TL Backpulver (eventuell kontrollieren, ob es glutenfrei ist)
125 g Kirschen, entkernt (auch gefroren; können nach Geschmack durch andere Beeren ersetzt werden), plus etwas zum Servieren

Zum Servieren
Puderzucker, Joghurt, Crème fraîche oder frische Kirschen (optional)

Zubehör
Kastenform (20 x 12,5 cm), eingefettet und mit Backpapier ausgelegt

Den Ofen auf 180 °C vorheizen.

Mit einem Stabmixer, einem Mixer oder einer Küchenmaschine alle Zutaten außer den Kirschen vermischen und pürieren, bis eine glatte Masse entsteht. Der Teig wird ziemlich flüssig sein – das ist in Ordnung so. Dann den Teig in die vorbereitete Form gießen und die Kirschen darüberstreuen.

Im vorgeheizten Ofen 35 Minuten backen, bis an einem Stäbchen, das man in die Mitte sticht, nur noch wenige klebrige Krümel hängen bleiben.

In der Form 5 Minuten abkühlen lassen, dann herausnehmen. Mit Puderzucker bestäuben und warm servieren. Mit frischen Kirschen, Joghurt oder Crème fraîche als Dessert garnieren oder abkühlen lassen und zu einer Tasse Tee genießen.

KUCHEN AUS WEISSEN BOHNEN UND HIMBEEREN

8–10 Stücke

400 g weiße Bohnen aus der Dose, gewaschen
3 Eier
100 g Zucker
1 EL Rosenwasser
3 EL Mandeln, gemahlen
1 TL Backpulver (eventuell kontrollieren, ob es glutenfrei ist)
125 g Himbeeren (auch gefroren; können nach Geschmack durch andere Beeren oder entkernte Kirschen ersetzt werden)

Zum Servieren
Puderzucker, Joghurt oder Crème fraîche (optional)

Zubehör
Kastenform (20 x 12,5 cm), eingefettet und mit Backpapier ausgelegt

Den Ofen auf 180 °C vorheizen.

Mit einem Stabmixer, einem Mixer oder einer Küchenmaschine alle Zutaten außer den Himbeeren vermischen und pürieren, bis eine glatte Masse entsteht. Der Teig wird ziemlich flüssig sein – das ist in Ordnung so. Dann den Teig in die vorbereitete Form gießen und die Himbeeren darüberstreuen.

Im vorgeheizten Ofen 35 Minuten backen, bis an einem Stäbchen, das man in die Mitte sticht, nur noch wenige klebrige Krümel hängen bleiben.

In der Form 5 Minuten abkühlen lassen, dann herausnehmen. Mit Puderzucker bestäuben und warm servieren. Mit frischen Himbeeren, Joghurt oder Crème fraîche als Dessert garnieren oder abkühlen lassen und zu einer Tasse Tee genießen.

RHABARBER-APFEL-BEEREN-CRUMBLE

4 Portionen

Die Grenzen zwischen Streuseln, Knuspermüsli und Obstkuchen verschwimmen hier. Jedenfalls geht es um pochiertes oder gebackenes Obst, das mit einem Teig aus Zucker, Butter und Getreide bedeckt ist. Bei einem Nachtisch interessiert mich sowieso weniger die genaue Definition als vielmehr der köstliche Geschmack. Das Tolle an dieser goldenen Leckerei ist nicht nur die Tatsache, dass die Säure des Rhabarbers durch Apfelstücke und Beeren gemildert wird, dass es nach den Gewürzen Zimt und Ingwer schmeckt oder dass die gerösteten Mandelblättchen und Haferflocken so knusprig sind. Nein, es stecken auch noch andere gute Dinge darin: gemahlener Leinsamen und eine zerdrückte Banane. Wenn man eine überreife, zer-drückte Banane in die Streusel mischt, braucht man nämlich weniger Zucker. Außerdem bekommt das Ganze eine köstliche Karamell-Note und rustikale Kernigkeit. Bei uns zu Hause geht diese Nachspeise jedenfalls immer rasend schnell weg. Und auch wenn ich mich wiederhole: Das hier ist nicht nur ein wunder-volles Dessert, sondern auch eine sehr schöne Mög-lichkeit für ein festliches Frühstück oder einen Brunch mit Joghurt an Stelle der Eiscreme.

100 g Butter, plus 30 g für die Früchte

90 g Haferflocken

50 g Leinsamen, gemahlen

75 g Mandelblättchen

25 g brauner Zucker

1 reife Banane, geschält und zerdrückt

2 TL Ingwer, gemahlen

2 TL Zimt gemahlen

5 Rhabarberstangen (250 g), in 4 cm lange Stücke geschnitten

4 Äpfel (Pink Lady), geschält, entkernt und geachtelt

125 g Blaubeeren

Zum Servieren
Joghurt, Crème fraîche, Schlagsahne oder Eiscreme

Zubehör
große flache Backform, eingefettet

Den Ofen auf 180 °C vorheizen.

Für die Streusel die Butter, die Haferflocken, den Leinsa-men, die Mandelblättchen, den Zucker, die Banane, den Ingwer und den Zimt in einer Schüssel vermischen und mit den Händen zu einem rohen Teig verkneten. Er sollte sich grob und klumpig anfühlen. Bis zum Backen kalt stellen.

Den Rhabarber, die Apfelstücke sowie die Hälfte der Blaubeeren in einem Topf mit 30 g Butter bei mittlerer Hitze 10–15 Minuten schmoren, bis das Obst weich wird.

Das weiche Obst in der vorbereiteten Form verteilen und mit den restlichen Beeren bestreuen.

Die Streusel über dem Obst verteilen, dabei sollte die Oberfläche uneben sein.

Im vorgeheizten Ofen 30 Minuten backen, bis die Oberfläche goldbraun und knusprig ist. Warm servieren, dazu Joghurt, Crème fraîche, Schlagsahne oder Eiscreme reichen. Kalt auch als Frühstück geeignet.

PFEFFERMINZ-
SCHOKOLADEN-MOUSSE
MIT PISTAZIEN

2 Portionen (lässt sich jederzeit erweitern)

Es ist schwierig, eine Mousse aus drei so leckeren Zutaten nicht zu lieben. Man braucht dafür lediglich eine heiße Tasse Tee, einige Stücke Schokolade und ein paar Eiweiße. Dieses Rezept hatte einen etwas schwierigen Start. Zwei Eiweiße waren zu wenig. Vier überdeckten den Geschmack der Schokolade. Aber drei stellten sich dann als genau richtig heraus. In dieser Version verwende ich Pfefferminztee, um an die Dinnerpartys meiner Eltern zu erinnern, bei denen als besondere Leckerei „After Eight"-Täfelchen gereicht wurden. Man kann sich aber jederzeit auch für eine andere Geschmacksrichtung entscheiden. Earl oder Lady Grey würden eine äußerst angenehme Geschmacksrichtung beisteuern, Ingwertee wäre erfrischend und starker Kaffee aufputschend. Experimentieren Sie einfach nach Herzenslust. Und denken Sie daran, diese Mousse ist am nächsten Tag sogar noch besser. Also können Sie sie jederzeit am Donnerstagabend vorbereiten, wenn Sie am Freitag nach der Arbeit Gäste erwarten.

1 Beutel Pfefferminztee
100 ml kochendes Wasser
125 g dunkle Schokolade, gehackt
3 Eiweiß
1 Prise Salz
8 frische Minzeblättchen
2 TL Pistazienkerne, geröstet und gehackt

Zubehör
2 x 200 ml Förmchen

Den Teebeutel in das kochende Wasser hängen und darin ziehen lassen, bis das Wasser so abgekühlt ist, dass man einen Finger für 5 Sekunden hineinhalten kann. Dann den Teebeutel entfernen und wegwerfen.

100 g der Schokolade zusammen mit dem Tee in einem kleinen Topf bei niedriger Hitze verrühren, bis zwei Drittel der Schokolade geschmolzen sind. Dann den Topf vom Herd nehmen.

Die restliche Schokolade hinzufügen und rühren, bis sie ebenfalls geschmolzen ist. Auf diese Weise ist die Schokolade besser temperiert und glänzender. Außerdem wird sie so nicht so leicht körnig.

Die geschmolzene Schokolade in eine Schüssel gießen und rühren, bis sie glatt und auf Zimmertemperatur abgekühlt ist. Das Eiweiß und das Salz hinzufügen und mit einem Handrührgerät 4–6 Minuten schlagen, bis sich Wellen bilden.

In die beiden Schälchen füllen und mindestens 4–6 Stunden oder über Nacht kalt stellen.

Die Mousse mit Minzeblättchen und gehackten Pistazien garniert servieren.

SCHOKOTÖRTCHEN MIT ORANGE UND HASELNUSS

4 Portionen

Wenn ich drei typische 90er-Jahre-Nachspeisen auf-
zählen sollte, fallen mir sofort Tiramisu, Dattelkuchen
und Schokotörtchen ein. Selbstverständlich gab es in
dieser Dekade vieles, was man am besten vergisst
(Springerstiefel, Ketten an Geldbörsen und Plateau-
sandalen), aber dickflüssige Schokolade gehört nicht
dazu. Dieses Rezept verwendet gemahlene Haselnüsse
anstelle von Mehl, was dem Ganzen eine leichte Nu-
tella-Note gibt, während die Orangenschale für einen
interessanten Twist sorgt. Wenn die Nachspeise noch
deutlicher nach „Jaffa Cake" schmecken soll, dann
können Sie gerne die doppelte Menge an Orangen-
schalen nehmen. Dieses Dessert eignet sich wunderbar
für Gäste, da Sie es bereits am Nachmittag vorbereiten
können. Gebacken wird es dann während des Haupt-
gangs. Allerdings muss es dann sofort serviert werden,
da die Resthitze die Törtchen sonst völlig durchbäckt.
Viele Dinge sind aus der Mode gekommen, aber der
flüssige Kern eines Schokotörtchens wird immer
geliebt werden.

110 g Zucker, plus 1 EL zum Bestreuen
60 g Butter
30 ml Espresso
100 g dunkle Schokolade (mindestens 70 % Kakaogehalt),
   gehackt
2 Eier
geriebene Schale von 1 Bio-Orange
100 g Haselnüsse, gemahlen

Zum Servieren
Eiscreme, Joghurt oder Crème fraîche

Zubehör
4 x 200 ml Förmchen, eingefettet

Den Ofen auf 220 °C vorheizen.

1 EL Zucker in eines der eingefetteten Förmchen streu-
en und darin schwenken, so dass Boden und Wände
gleichmäßig davon bedeckt sind. Dann den Überschuss
in das nächste Förmchen schütten und so fortfahren,
bis alle Förmchen gleichmäßig bedeckt sind.

Die Butter, den Espresso und die Schokolade in einem
Topf bei mittlerer Hitze unter Rühren erwärmen, bis
alles geschmolzen und glatt ist. Dafür lässt sich alternativ auch eine Mikrowelle verwenden.

Die Eier zusammen mit 110 g Zucker in eine Schüssel
geben und mit einem Handrührgerät 2–3 Minuten
schlagen, bis die Masse blass und schaumig ist. Dann den
Eierschaum zu der geschmolzenen Schokolade gießen
und verrühren. Anschließend die Hälfte der Orangenschalen und die gemahlenen Haselnüsse unterheben.

Den Teig auf die vorbereiteten Förmchen verteilen
(etwa 4 EL pro Portion). Die Förmchen auf einem Blech
im vorgeheizten Ofen 15 Minuten backen, bis sich die
Törtchen an der Oberfläche fest anfühlen, im Inneren
aber noch flüssig sind.

Die Törtchen heiß servieren und mit den restlichen
Orangenschalen und etwas Eiscreme, Joghurt oder
Crème fraîche garnieren, die über dem Törtchen zergehen. Wenn Sie etwas ganz Besonderes zaubern möch-
ten, dann könnten Sie etwas hochwertige Orangenmarmelade mit Vanilleeis verquirlen und nochmals
einfrieren. Dann 1 Kugel davon pro Portion servieren
(oder dafür etwas von dem Sirup der pochierten
Klementinen verwenden, Seite 150).

REGISTER

Danksagung

Danke an all die großartigen Menschen, die mitgeholfen haben, dieses Buch möglich zu machen. Es war ein glücklicher Zufall, der mich wieder mit der wunderbaren Céline Hughes zusammengeführt hat, ohne deren Adleraugen ich verloren gewesen wäre. Auch den anderen Mitarbeitern bei Quadrille, vor allem Anne Furniss, Arielle Gamble und Helene Lewis gebührt mein Dank für ihre tolle Arbeit. Und Danke an Clare Hulto, dass sie für mein Buch ein so gutes Zuhause gefunden hat.

Mein ewiger Dank gilt Chris Chen für seine eleganten Fotos und seine effektive Arbeitsweise, die außerdem auf die Bedürfnisse eines elf Wochen alten Babys einging.

Danke auch an Kirsty und Nick, die dafür sorgten, dass alles wie am Schnürchen klappte.

Mein liebevoller Dank geht an meine Freunde, die mich beim Ausprobieren dieser Rezepte unterstützten, besonders Tristan, Sharon, May, Alice, Melissa M und Ted und all die anderen, die so nett waren, auf Baby Will aufzupassen, während ich kochte und Notizen auf einen Block kritzelte.

Und zuletzt meine Familie: Danke, dass ihr daran geglaubt habt, dass alles möglich ist, und dass ihr mich darin unterstützt habt, es Wirklichkeit werden zu lassen.

Der Verlag möchte folgenden Keramikern dafür danken, dass sie für die Fotos freundlicherweise ihre Töpferwaren zu Verfügung gestellt haben:

David Edmonds, www.davidedmonds.com.au

Chinaclay, www.chinaclay.com.au

The FortyNine Studio, www.thefortynine.com.au

Sian Thomas, www.sianthomas.net

Johanna Gambatto, Sweet Potato Ceramics, www.sweetpotato.net.au

Yew Kong Tham, www.ginkoleaf.co.au

Ein Hinweis zu den Rezepten

Die Zeitangaben beziehen sich auf herkömmliche Öfen. Wenn Sie einen Backofen mit Umluft haben, sollten Sie die Temperatur ca. 15 °C niedriger einstellen. Kontrollieren Sie die Temperatur mit einem Küchen-Thermometer.

Übersetzt von Ursula Rasch

Alle Rechte vorbehalten
© der deutschen Ausgabe 2015 Jan Thorbecke Verlag der Schwabenverlag AG, Ostfildern
www.thorbecke.de
© der Originalausgabe mit dem Titel „Cut the Carbs" 2014 erschienen bei Quadrille Publishing Limited, www.quadrille.co.uk
© Text 2014 Tori Haschka
© Fotos 2014 Chris Chen
© Design und Layout 2014 Quadrille Publishing Limited

Umschlaggestaltung: Finken & Bumiller, Stuttgart
Gedruckt in China
ISBN 978-3-7995-0662-5